乡村振兴战略背景下的乡村旅游发展研究

王圣军◎著

文化发展出版社
Cultural Development Press
·北京·

图书在版编目（CIP）数据

乡村振兴战略背景下的乡村旅游发展研究 / 王圣军著. -- 北京 : 文化发展出版社, 2024. 7. -- ISBN 978-7-5142-4405-2

Ⅰ. F592.3

中国国家版本馆 CIP 数据核字第 20249PZ522 号

乡村振兴战略背景下的乡村旅游发展研究

王圣军 著

出 版 人：宋 娜

责任编辑：袁兆英　　责任校对：岳智勇

责任印制：邓辉明　　封面设计：张秋艳

出版发行：文化发展出版社（北京市翠微路 2 号 邮编：100036）

网　　址：www.wenhuafazhan.com

经　　销：全国新华书店

印　　刷：天津和萱印刷有限公司

开　　本：710mm × 1000mm　1/16

字　　数：188 千字

印　　张：10

版　　次：2025 年 1 月第 1 版

印　　次：2025 年 1 月第 1 次印刷

定　　价：72.00 元

I S B N：978-7-5142-4405-2

◆ 如有印装质量问题，请电话联系：010-58484999

前 言

大力发展乡村旅游业，有助于农民致富、促进农业产业升级、实现农村发展。党的二十大报告中提出要全面推进乡村振兴，这使乡村旅游业迎来了更好的发展机遇。在全面推进乡村振兴战略的指导下，乡村旅游业发展形成了自己独特的模式，从开始发展到转型提升，进入较为快速的发展阶段。当前，在多项发展内容的指导下，乡村旅游业已经具有一定的规模及发展基础，在多地有了较好的发展形势。

发展乡村旅游业与乡村振兴战略的总要求具有极高的匹配度。发展乡村旅游业是实现乡村产业兴旺繁荣的重要途径，同时也可以增加农民收入。发展乡村旅游业可以改善农村环境，高度契合生态宜居的要求；发展乡村旅游业可以有效地推进乡风文明和乡村治理。乡村旅游业的发展不仅会推动农村地区第一、第二、第三产业的融合发展，转变经济发展方式，调整生产结构，促进农民的增产增收，而且是对乡村振兴战略的积极践行和响应。

当前，我国经济快速发展，相应地推动了乡村旅游业的发展，对乡村振兴战略的落实起到促进作用。由此可见，为实现乡村振兴的目标，很有必要探索乡村旅游经济发展的有效策略，促、进乡村经济的发展。我国地域宽广，乡村地域文化相当丰富，尤其是具有特色的乡村聚居点，自然景观优美，还有很多有待开发的资源，能够吸引无数旅游者。乡村振兴战略的提出，促进了我国农村经济的可持续发展。

本书共五章。第一章为乡村旅游综述，主要包括乡村旅游概述、乡村旅游发展历程、乡村旅游发展的条件、乡村旅游的开发模式四个方面。第二章为乡村振兴战略综述，主要阐述以下四个方面：乡村振兴战略提出的背景与内涵、乡村振兴战略的内容与要求、乡村振兴战略的推进路径以及中国农业农村发展历程及政策解读。第三章为乡村振兴战略的规划指标，分为以下五个方面：乡村振兴战略的重点——产业兴旺、乡村振兴战略的关键——生态宜居、乡村振兴战略的根本——生活富裕、乡村振兴战略的保障——乡风文明、乡村振兴战略的基础——治理有效。第四章为乡村振兴战略背景下乡村旅游业研究，包括以下四个方面：乡村振兴战略背景下乡村旅游业发展现状、乡村振兴战略背景下乡村旅游业发展的新路径、乡村振兴战略背景下乡村旅游的智力扶贫以及乡村振兴战略背景下乡村旅游合作社的发展。第五章为乡村振兴战略背景下乡村旅游业的创新发展，包括五个方面：乡村振兴战略背景下金融服务乡村旅游业、乡村振兴战略背景下乡村旅游业发展的新视角、乡村振兴战略背景下乡村旅游用地的法律问题、旅游型乡村建设要素与乡村振兴战略要义和乡村振兴战略背景下乡村旅游业转型升级五链驱动。

在撰写本书的过程中，作者参考了大量的学术文献，得到了许多专家学者的帮助，在此表示真诚的感谢。本书内容系统全面，论述条理清晰、深入浅出，但由于作者水平有限，书中难免有疏漏之处，希望广大同行及时指正。

王圣军

2023 年 9 月

目　录

第一章　乡村旅游综述

旅游作为人们精神文化需求的一种体现，已经越来越多地进入人们的生活。人们去休闲旅游的同时，更加强调原生态旅游。乡村旅游作为原生态旅游中的主打品牌，正日趋成熟。本章主要对乡村旅游的基本信息进行了介绍，包括以下几方面：乡村旅游概述、乡村旅游发展历程、乡村旅游发展的条件、乡村旅游的开发模式。

第一节　乡村旅游概述

乡村旅游什么是，顾名思义，其中指出了“乡村”这一地域特征，与城市旅游不同，但是其指向并不明晰，一方面可能出现理解范围过宽的情况，把地处乡村的旅游均认为是乡村旅游，另一方面可能出现理解范围过窄的情况，如把农家乐活动理解为乡村旅游。我国乡村旅游已呈现出异彩纷呈的新特点，仅从一个视角出发是不能全面理解乡村旅游的。事实上，对乡村旅游的概念认知，既要与国内外发展背景相结合，又要与旅游业发展的时代特征相结合。

一、国际乡村旅游概念辨析

乡村旅游在英文文献中常被称为 Rural Tourism（乡村旅游），但也有其他相关术语，如 Agritourism（农业旅游）、Farm Tourism（农场旅游）、Ecotourism（生态旅游）和 Geotourism（地学旅游）等。不同国家和地区使用不同的术语主要是基于当地的产业特点和休闲方式。

例如，爱尔兰更倾向于使用 Rural Tourism 一词，这可能是因为爱尔兰的乡村地区有着丰富的自然风光和农村文化，这些都是吸引游客的重要元素。而波兰旅游经营者和农场主更喜欢使用 Agritourism 一词，可能是由于波兰农业资源丰富，农业旅游是波兰乡村旅游特色之一。北美洲和大洋洲等地的国家通常使用 Farm Tourism 一词，可能是因为这些地区的农场旅游更强调与农业生产的密切联系。农场旅游是乡村旅游的一部分，其经营特点更加接近农业生产。在欧洲的许多农场里，农业旅游或乡间活动都被称作乡村旅游。这反映了不同国家和地区对乡村旅游相关术语的不同使用习惯。乡村旅游概念研究的重要基础有以下四个方面。

（一）强调乡村旅游发生的场地空间

很多学者在其对乡村旅游的定义当中都提到了乡村旅游发生的场地空间，有的认为乡村旅游发生的空间是农村区域，也有的认为是非城市区域，还有的说是乡村地区。欧洲联盟（简称欧盟）和经济合作与发展组织（简称经合组织）将乡村旅游定义为发生在乡村的旅游活动。明确乡村旅游发生的场地空间是乡村旅游概念研究的前提。

欧盟和经合组织都将乡村性作为乡村旅游营销的重点，也是独特的卖点。乡村旅游具有明显的乡村地域特征。乡村旅游是以农业为基础，集传统乡村休闲、教育、地域民俗为一体的高级旅游活动。

（二）强调乡村旅游活动的乡村性

乡村性是一个用来描述乡村旅游区域和活动对象特征的概念。它是基于乡村和城市之间的社会学关系理论体系建立的，是区别乡村旅游与其他类型旅游的主要依据。乡村性主要依赖于乡村与城市之间的对比。乡村区别于城市，有其自身的特点和文化。乡村性根植于乡村世界，包括自然环境、农业景观、乡土文化、人文历史等。乡村性是吸引游客进行乡村旅游的基础。乡村的自然风光和淳朴的生活方式常常吸引游客寻求别样的旅游体验。乡村旅游提供了逃离繁忙都市生活的机会，让游客可以感受乡村的宁静与纯粹。乡村性是乡村旅游整体推销的核心和独特卖点，这是欧盟和经合组织所持的观点。具有农村区域的特点就是乡村旅游活动的最大特点。乡村旅游的本质在于，它是一种涵盖传统农村游览项目，同时又具备教育意义的区域民俗旅游活动，是基于农业的高层次旅游形式。

（三）强调乡村旅游的作用与效益

通过参与乡村旅游这种旅游形式，村民和游客都可以从中受益。首先，乡村旅游有助于推动地域经济及就业的增长。发展乡村旅游需要开发和充分利用乡村的文化、历史、自然资源等资源，提高乡村旅游的吸引力和知名度，吸引更多的游客到访，从而促进当地旅游业的发展。同时，乡村旅游也为村民提供了更多的就业机会和创业机会，提高了村民的收入水平。其次，乡村旅游可以促进当地文化的发展和历史的传承。在乡村旅游过程中，游客可以深入了解当地的风土人情、文化传统、历史背景等，这也能够促进当地历史文化的传承和保护。最后，乡村旅游还能够促进生态环境的保护和可持续发展。在发展乡村旅游时，需要充分考虑生态环境的保护和可持续发展，保护自然环境和生态系统，确保乡村旅游的发展是健康、可持续的。国际乡村旅游概念强调乡村旅游的居民和游客的综合受益，也强调乡村旅游的可持续发展。

（四）强调旅游开发与土地利用的关联性和一致性

部分学者将乡村旅游与农业旅游或农场旅游等概念替换使用，认为后面两个概念是基于耕地而产生的。这说明乡村旅游的开发与农业土地利用的关系非常密切，农业旅游、农场旅游、牧场旅游、林场旅游等都是与乡村旅游关系非常密切的概念。

总的来说，国外对乡村旅游的定义没有进行系统的归纳，而是根据发展的现实情况，抓住了一个或者多个方面的典型特征来进行说明。这是符合发达国家的国情的。他们的农村人口比例很低。他们的乡村旅游所指向的区域特征、环境特征、体验特征等是相当一致的。他们的乡村旅游的概念基本上是狭义的，强调了乡村旅游与农村社会和社区的密切关系。由此得出的启示是，对乡村旅游的定义应把握其基本特征，不能笼统地概括。

二、国内乡村旅游概念辨析

国内对于乡村旅游的界定有很多，不同的表述侧重点也有所不同。综合研究对比目前国内乡村旅游的概念可以发现一些共性的内容。

（一）强调乡村旅游发生的空间

空间是乡村旅游概念的前提条件之一。乡村旅游的活动场所主要是乡村地区，这里拥有乡村、农田、农庄等特色景观。乡村旅游的魅力正是源于乡村空间环境的独特性和吸引力。乡村旅游的活动空间通常位于乡村地区，以其独特的自然环境和人文景观为依托。这些空间可以包括农田、农庄、村庄、农耕文化景点、自然保护区等。乡村地区提供了一种与城市景区不同的旅游体验，游客可以沉浸在纯朴的乡村环境中，感受大自然带来的宁静与美好。乡村旅游的发生地点通常是乡村地区，这里可以提供与自然、田园、农业相关的旅游资源。游客可以参与农业活动、品尝农产品、了解传统手工艺等，亲身感受乡村的魅力。

（二）强调乡村旅游依托的资源

乡村旅游以其特有的自然环境、生产管理方式、民俗文化、农耕文化等来吸引游客。

游客可以欣赏乡村的美丽风光，参与农田活动、体验农耕文化，品尝乡村特色美食，了解当地的传统民俗。乡村旅游也可以提供农家乐、民宿等服务，让游客深入了解乡村的生产生活方式。此外，乡村旅游也关注农业文化景观、农业生态环境等方面的资源。游客可以参观农业生产基地，了解农业生态系统，体验农事活动，近距离感受农耕文化的魅力。

（三）强调乡村旅游的活动和形式

当前有关乡村旅游的研究多从两个层面展开：一是侧重于一般的旅游活动，把乡村旅游看作乡村及自然景观的综合。乡村旅游是为了满足游客休闲、求知、回归自然的需要而进行的一种旅游形式。二是注重乡村特色的旅游活动，要充分考虑城乡之间的差别，对乡村旅游产品进行规划、设计与组合；要以乡土文化为卖点，设计休闲、观光、体验和学习的旅游项目；乡村旅游是相对于都市旅游而言的一种特别的旅游形式，它以乡村的空间环境、乡村的社会关系为基础而形成。乡村旅游是一种新型的旅游方式，它是以乡村为基础，以观光、游玩、健身、娱乐、购物和度假为主要内容的新型旅游业。从这一维度的研究看，乡村旅游的活动和形式也应该是具有乡村性的。

（四）强调乡村旅游者

乡村旅游是一种新型的旅游方式，它为乡村旅游者提供了观光、游玩、健身、娱乐、购物和度假的机会。乡村旅游的主要特点是发生在乡村区域，依赖于乡村的自然和人文资源，提供了体验农村生活的机会。乡村旅游者的最主要的目的是利用乡村风俗或农业活动来达到轻松休闲、观光游览、体验和求知等。国内对乡村旅游的定义都是在总结乡村旅游的共性的基础上，重点把握了这三个特点：乡村旅游发生的区域特征、乡村旅游所依赖的资源特征以及乡村旅游所提供的活动特征。乡村旅游的主要消费群体是城市居民，他们是乡村旅游市场发展的重要力量。现有乡村旅游概念属于广义范畴。与国外相比，不足之处在于没有强调乡村旅游与乡村社区之间的关系，需要进一步揭示。

三、乡村旅游概念

通过对国内外乡村旅游概念的演变做对比，可以看出，乡村旅游可分为狭义与广义两种类型。从狭义上讲，要与乡村资源环境、乡村社会环境、生产生活环境等密切结合，方可称为乡村旅游。在乡村旅游中，乡村要突出乡土性，特别要重视社区参与，所以乡村旅游是一定要发生在乡村，与乡村生产生活紧密联系，并以社区参与为主的旅游。

随着时间的推移，乡村旅游的内涵也得到了进一步的拓展。以往的乡村旅游主要是以农村及自然环境为主要内容，而如今，在农村地区开展各类旅游活动正受到越来越多的关注。所以，广义上的乡村旅游更符合人们的需要。从广义上看，乡村旅游未必特别重视乡村居民的参与活动，重点是其空间和资源上具备乡村特色。这种旅游活动可以在乡野环境中进行，但着重点在于提供一种独特的旅游体验，从而满足游客在娱乐、休闲和回归自然方面的需求。尽管如此，强调乡村社区的参与依然是乡村旅游的一个重要方向。对于社区居民而言，乡村旅游不仅可以促进当地经济的发展，也可以促进保护和传承当地文化习俗。乡村旅游的成功需要社区居民与游客之间的互动和合作，所以鼓励乡村社区的参与，可以让乡村旅游更加完整。

把握乡村旅游的概念与内涵，应充分认识以下属性。

（一）空间属性

乡村旅游是一种特定空间分布的旅游形式，其发生的场所就是指“乡村”这个地理上的空间概念，通常包括以从事农业生产为主的地方。与此相对，都市旅游则是在城市和城市周边地区进行的旅游，它强调的是现代城市的文化、历史、艺术等元素。都市旅游以城市作为空间，通过城市的建筑风格、文化氛围、购物、娱乐等各种元素吸引游客。

因此，在内涵上，乡村旅游与都市旅游是相对的。乡村旅游强调的是乡土与传统文化、自然环境和田园风光等元素，追求一种返璞归真的旅游体验；而都市旅游则注重现代化、文化多元化、购物、娱乐等元素，追求一种现代城市生产生活的全面体验。

从空间上来看，乡村旅游与都市旅游是互补的。它们是旅游产业的两个重要组成部分。尽管乡村旅游和都市旅游在内涵方面存在区别，但它们也存在相互依存、相互补充的关系。都市旅游需要乡村旅游提供的自然资源，而乡村旅游也可以利用都市旅游提供的信息、市场和更先进的服务理念来提升自身的发展。

（二）资源属性

乡村旅游资源是指存在于乡村中的自然、历史、文化、社会等多种资源，具备美学价值，并且由于其独特的乡村风光，能够吸引游客游览和体验。它既有丰富的自然与历史文化遗产，也有乡村建筑、社区、民俗、文化、饮食、服装、农业景观等。在我国，以园林、湖泊、森林、草原、耕地等为代表的自然旅游资源共同构成了乡村旅游的资源主体。

这些场所有自然美景，可以进行休闲娱乐和旅游探险，因而吸引许多旅游者前来游览。历史文化遗产也是乡村旅游资源的重要组成部分。这些遗产展示了乡村历史、文化、社会和经济等方面的特点，包括遗址、古镇、古迹、古民居、古城墙等。除此以外，还有乡村建筑、群落、民俗、文化、饮食、服饰、农业景观等人文旅游资源。这些旅游资源更多地展示了乡村的生活、信仰、文化和艺术等方面，使游客能够更好地了解当地的文化和习俗。

四、乡村旅游分类

本书综合国内外乡村旅游分类依据，结合国内的乡村旅游实际，遵循“是什么、谁来做、怎么做”的逻辑关系，从乡村旅游的形成机理、资源本底、区位条件三个方面介绍我国乡村旅游分类，力求增强对乡村旅游的理解。

（一）按形成机理分

根据各方在乡村旅游系统中所起作用的不同，将乡村旅游分为三种类型，包括需求拉动型、供给推动型及政策扶持型。

1. 需求拉动型

需求拉动型乡村旅游是一种主要受市场需求影响的旅游模式。这种类型的乡村旅游目的地通常位于城市及景区等周边，以满足游客乡村休闲度假、体验农村生活、接触自然环境等需求为主要目标。在政府引导下，农民或企业会灵活发展旅游项目，以满足游客的需求。这种需求拉动型的乡村旅游模式更加注重市场需求的研究和分析，通过提供符合游客期望的旅游产品和服务来吸引游客。因此，市场调研、客户需求分析、品牌营销等市场手段是非常重要的。政府在这种模式下起到引导和协调的作用，通过产业政策、旅游规划、市场推广等方式，帮助农民或企业进行乡村旅游相关项目的开发。需要注意的是，尽管需求拉动型乡村旅游受市场需求的影响较大，但资源本身仍然是乡村旅游发展的基础。良好的自然景观、丰富的乡村文化、特色的农业资源等都是吸引游客的重要因素。

2. 供给推动型

供给推动型乡村旅游是一种主要受旅游供给推动影响的旅游模式。这种类型的乡村旅游一般关联着具有一定经济基础的资源，为了进一步发展旅游业，政府和村集体会扮演着主导者的角色，开发乡村旅游产品的实力相对较强，可有力保护各类资源。供给推动型乡村旅游与普通的乡村旅游不同，它更加注重资源的开发和利用。这种模式下，政府和村集体会更主动地投入资金和人力资源，利用本地的资源和优势条件，进行旅游项目的开发和创新。例如，建设乡村旅游度假区、开发乡村游乐场所等。

3. 政策扶持型

政策扶持型乡村旅游受到政府政策推动和扶持作用的影响，通过精准扶贫、政策扶贫等手段来发展乡村旅游。这种类型的乡村旅游主要分布于较为贫困地区的乡村，距离游客市场较远，但具有较好的资源基础，发展乡村旅游具有一定的潜力。政策扶持型乡村旅游的发展依赖于政府的支持和引导。政府会制定相关政策，如财税优惠政策、投融资支持政策、开发利用政策等，以鼓励和支持乡村旅游的发展。政府还会通过扶贫政策的导向，将乡村旅游作为脱贫致富的重要途径，以促进农村经济的增长和社会的稳定。通过政府的引导和扶持，乡村旅游可以利用当地的自然景观、丰富的乡村文化等资源，进行乡村旅游项目的开发和推广。政府在提供资金支持、规划引导、宣传推广等方面发挥着重要的作用。同时，政策扶持型的乡村旅游也有助于改善贫困地区的经济状况，增加村民的收入，并提升当地的整体经济发展水平。

（二）按资源本底分

根据乡村旅游依托资源本底的不同，将乡村旅游划分为历史文化型、自然生态型、农业元素型（产业型）。

1. 历史文化型（包含民族民俗）

依托古民居、古街巷、古民俗等历史文化价值高的乡村文化遗产，以文化的保护与再利用为核心，围绕文化遗存发展旅游，形成文化记忆浓厚、文化体验性强的文化主导型的乡村旅游发展模式。这一类型强调空间的聚拢性，一般位于交通不便、区域环境相对闭塞、自然山水优美、经济相对落后的区域，旅游活动受季节影响较小，淡旺季并不明显。因古村落、古民居、古街巷等遗产具有很强的文化传承性和不可再生性，政府主导型较多，便于统一风貌，处理开发与保护之间的关系，近年来社会资本也被逐渐引入。西递和宏村是两个比较典型的历史文化型村落，都是世界文化遗产，典型的徽派风格并具有很强的可视性和可游性，在开发上西递村采用村集体经营方式，宏村采用外来经营方式，共同放大文化型乡村的综合价值，实现多方受益。其他的，如阳朔、凤凰、呈坎、阳山等，都拥有深厚的文化底蕴，已成为中国极具特色的乡村文化旅游目的地。

2. 自然生态型

以原汁原味的乡村自然生态为核心吸引，构建欣赏乡村景观、认知自然、体验生态的旅游环境，充分展现乡村生态的景观美学价值、乡村居住的宜人价值、乡村文化的追忆价值与乡村生态的教育价值的乡村旅游发展模式。一般位于都市郊区，离市中心较远，是城市的“郊野公园”，山水生态环境清新宜人，地方民俗独特，旅游发展从乡村生产、生活区向周边自然山水环境范围进行延伸，旅游活动受季节影响较大，经营主体主要是农家乐农户、个体农庄，自发性较强，后期有外来企业进入。

3. 农业元素型（产业型）

以乡镇、村落为单位，依托原有或可引进的农业（农林畜牧）、工业（加工制造业）及文化服务业，围绕产业发展主题旅游，以主题产业的生产、生活旅游体验为特色，并构筑旅游发展要素，成为一定规模的主题特色产业，带动乡村产业结构调整优化，形成产业引导型的乡村旅游发展模式。一般依托于城市和大型景区景点，处于环城游憩带，特色产业旅游资源是关键，产业主题性强，旅游活动受时令影响大。乡村生活区向农业生产区延伸，空间可塑性强，初期以政府资金为主，后期因产业壮大发展需求，以外来社会资金为主。三亚玫瑰谷以玫瑰种植为基础，建设婚纱摄影基地，打造休闲观光农业旅游产业、玫瑰衍生产品加工产业，建立全国香精香料集散地，分期建设玫瑰鲜花基地、玫瑰文化园、玫瑰风情小镇，走出一条“农业＋旅游＋玫瑰文化”的路子。其他的，如蘑菇小镇、青蛙村、桐花村、柿子村、明月村等，依托当地特色产业延伸，形成了具有特色知识产权（IP）的乡村旅游经济代表。

（三）按区位条件分

根据乡村旅游的区位条件，将乡村旅游划分为三种类型，包括中心城镇依托型、重点景区依托型、优势资源依托型。

1. 中心城镇依托型

分布于城郊或环城带，以中心城镇游客多次重游为主，依托中心城镇的配套服务和空间延伸，提供差异化、特色化的乡村旅游产品和服务。比较容易集聚，形成环城游憩带，与中心城镇形成共生关系，业态上以吃、住、娱为主。蟹岛绿色生态度假村依托北京的城市公共服务配套，发展农业休闲产业，集农业休闲观光、乡村娱乐、生态种植配送、都市农园等功能为一体，经过多年发展已经成为北京老牌的农业体验地。成都“五朵金花”依托成都的都市配套和大量游客群体，开展基于当地花卉产业的乡村旅游，形成了产业和旅游双丰收的局面。

2. 重点景区依托型

分布于成熟景区周边，或内部，或自成景区，以景区客源一次性游览为主，属于景区部分功能和业态的外溢和延伸，发展吃、住、购等业态作为所依托景区的补充，并且以景区为中心进行放射状分布。

3. 优势资源依托型

区位相对独立，依托具有竞争力和绝对优势的资源，如可视性强的景观资源，集聚特色的文化遗产或是富有竞争力的产业形态，通过外来的资本注入、客源导入等实现快速发展，以自身为中心向周围辐射进行自我生长，形成集聚区或功能区、目的地，未来可向景区依托型转变。

第二节　乡村旅游发展历程

一、乡村旅游 1.0：起步探索阶段

我国的乡村旅游起步较晚，一种说法是萌芽于 20 世纪 50 年代，当时为满足外事接待的需要，在山东省石家庄村率先开展了乡村旅游活动①。另一种说法是在 20 世纪 80 年代后期，在改革开放较早的深圳首先开办了荔枝节，主要是为了招商引资，随后又开办了采摘园，取得了较好的效益。于是各地纷纷效仿，开办各

① 中国地理学会旅游地理专业委员会，肇庆学院旅游科学研究中心，肇庆市历史文化名城与旅游发展研究会 . 区域旅游的理论与实践：肇庆旅游发展个案研究 [M]. 北京：中国旅游出版社，2002.

具特色的观光农业项目[①]。国内绝大多数学者认为国内的乡村旅游从20世纪80年代末兴起。

（一）乡村旅游1.0阶段的主要进展

1980—2000年的20年间，是中国农村波澜壮阔改革巨变的重大时期，在这场以家庭承包经营为基础的中国农村经济体制改革中，“包产到户”“包干到户”的伟大创举，极大释放了农村社会生产力，激活了广大农民增产创收的积极性，在农民的“闯一闯”和政府的“试一试”中，以“农家乐”为代表的1.0乡村旅游喷薄而出。

20世纪80年代，以农家乐为典型代表的乡村旅游的兴起，一方面是源于我国广大农村开展以家庭联产承包经营为基础的农村经济体制改革，使农户成为集体经济组织中相对独立的经营主体，充分调动了广大农户增产创收的积极性。部分农户自发适应市场需要，积极调整农业生产结构，利用自家房前屋后闲置土地和承包地种植花卉苗木，开展特色种植养殖生产，主动从传统农业向现代农业转变，既增加了收入，解决了温饱，也改善了居住生态环境，还吸引了城市居民到此休闲娱乐。还有一些地方村民为了更好地满足城市消费者的休闲旅游需求，将农业转型带来的增收又投入庭院整修、家庭接待设施更换，开始专门从事旅游接待经营活动，由此拉开了中国以农家乐为主要形式的乡村旅游发展序幕。另一方面，国家为了拉动内需，1994年3月首次将原有每周六天工作制改成隔周五天工作制。1995年5月1日又正式实行了每周五天工作制，即全国职工每日工作八小时，每周工作四十小时。五天工作制的实施，大大释放了城市居民周末的休闲消费需求潜力，促使乡村旅游走进大众旅游消费视野，并迅速在全国主要中心城市和景区周边兴起。

在全国最早兴起的农家乐乡村旅游经营中，1986年四川省成都市近郊郫都区友爱镇农科村在特色农业发展中诞生的农家乐新业态，被当作中国以农家乐为代表的乡村旅游开端的重要标志性事件。

郫都区农科村地处成都市区西边，距成都市区25千米，317国道（也称川藏公路北段，俗称老成灌公路）从村边经过，是成都到都江堰、四川到西藏的必经之地。在1983年农科村实行经济体制改革之前，村里以种粮食为主，村民干一天活最多只能挣两三毛钱，年人均收入100元左右，连温饱都难以为继。当1983年农科村实行包产到户、包干到户的经济体制改革时，村里少数人为了改变贫穷

① 郭焕成，刘军萍，王云才．观光农业发展研究[J]. 经济地理，2000（2）：119–124.

面貌，瞄准当时的花木市场需求，将承包的土地栽种苗木，一年时间个别农户通过对外售卖苗木就成了万元户。在致富理念的引领激励下，1985 年全村三分之二的农户开始改种花卉苗木，很快在川西平原上呈现出一派花红叶绿的美丽田园景象。1987 年《成都晚报》专门报道农科村，称这里是“鲜花盛开的村庄”“没有围墙的农民公园”。随着村庄产业结构和生态环境的巨大改变，吸引了来自全国各地的花卉苗木采购商及慕名纷纷到此一游的成都市民，为了给来客提供方便，少数农户就开始在自家房屋和前庭后院里提供住宿和餐饮服务，由此既增加了家庭收入，还扩大了当地的知名度，市民利用周末到农科村的一日游成为新常态。自此，农家乐在农科村萌芽生长、开花结果、迭代升级，成为中国 1.0 农家乐时代的乡村旅游品牌标志。1996 年，时任中国政治局常委、中央书记处书记的胡锦涛视察了农科村，充分肯定了农科村的农家乐是建设社会主义现代化新农村的一条很好的发展路子。中央领导的肯定，极大鼓舞了农科村农民的发展信心，也让外界的目光聚焦这里，进一步推动农科村的农家乐迈向新高潮。1997—1999 年，农科村的农家乐已达到了 120 多家，农户旅游收入与苗木生产收入基本齐平，成为成都最富有的村庄。农科村在这一阶段的重要开创性起步，使之在 2004 年被评为首批“全国农业旅游示范点”，2006 年被国家旅游局授予“中国农家乐旅游发源地”称号。

受郫都区农科村的带动影响，成都周边的龙泉驿、温江、都江堰等区县也都纷纷办起了农家乐。据不完全统计，到 2000 年，成都市农家乐总数超过了 3000 家，年接待游客超过 1000 万人次，已成为都市近郊型乡村旅游的最主要经营形式。

除四川以外，浙江、河北、云南、广东等地也是国内起步较早、知名度较高、影响较大的农家乐先行者。如在浙江，一个是杭州市近郊的富阳市（今富阳区），政府抓住该县新沙村地处“西湖—富春江—千岛湖—黄山”黄金旅游线重要节点上，既赋山城之美，又具江城之秀，立足当地厚重山水人文资源及特色乡土资源，1985 年就开始推动农家乐的起步发展，通过农家乐引来了许多中外游客，成为当时国内最热的乡村旅游地之一，1987 年时任国务院副总理的谷牧在此亲笔题词“农家乐，旅游者也乐”。另一个是湖州市安吉县，1998 年率先选择了生态环境优美、基础条件较好的天荒坪镇大溪村，确定了五家农户开展以吃乡土菜为特色的农家乐试点；1999 年通过实施“进农家”旅游项目，推动了安吉县三镇（天荒坪镇、报福镇、章村镇）五村（大溪村、深溪村、长潭村、余村村、统里村）的 43 户农家，打造食、住结合的农家乐，到 2000 年安吉县农家乐接待游客超过了 1

万人次。在河北，1986年涞水县野三坡山水风景开发旅游的受益面覆盖周边的6个乡、27个村，直接从事旅游服务的农民有3000多人，建立家庭旅馆式的农家乐600多户。1988年野三坡接待游客数近90万人次，实现旅游收入1000万元，平均每户收入达到2000元。在云南，昆明市近郊西山区团结乡，虽地处高寒山区，是一个人多地少的多民族聚居区，但境内山川秀丽，风景名胜、古寺名园甚多，1998年年初，当地政府立足团结乡紧邻昆明市中心的优越区位，率先试办了八家农家乐，引来了大量的城市游客，政府抓住旅游发展商机，通过在山、水、路上大做文章，改善生态环境与旅游基础设施，大力发展城郊型生态农业、观光农业和精品农业，开发了万亩果园、千亩鲜花、千亩无公害蔬菜、千亩油菜、千亩朝鲜蓟、千亩竹子、千亩菜用型玉米、千亩花椒等“粮林果花菜”生态农业基地，调整政策鼓励和倡导当地农户发展融农业生态、民族文化为一体的乡村“农家乐”旅游，很快带动了一批农户走上农家乐经营道路，到2000年，团结乡农家乐有80多户，接待游客近20万人次，营业收入突破了1000万元，户均收入达到15万元。在广东，1988年起也在主要城市近郊陆续兴办起观光果园80多个，农庄、茶园、渔场等农家乐数十个，成为城郊农业旅游的重要载体。

同时，还有一大批具有鲜明乡土特色和时代特点的采摘园、农业观光园等乡村旅游景点在全国各地兴起，如深圳荔枝采摘园、北京平谷的蟠桃采摘园和大兴的西瓜采摘园、上海的都市农业园、苏州农业观光园、福建武夷山观光茶园、湖南益阳的农家乐园、云南西双版纳的傣族园等，都是这一时期与农家乐共同构成的中国乡村旅游新形式。

这一阶段，中国乡村旅游发展的总体特征是，内外需求推拉下自发兴起，县乡政府引导下部分地区率先起步，以农户家庭为基本单元、以农民自主经营为主体，主要业态形式为农家乐，经营规模小，经营产品单一，主要提供农家简易食宿及乡村民俗娱乐服务，数量、种类较少，但特色鲜明，主要围绕大城市近郊和著名旅游景区周边呈散点式空间分布。

（二）乡村旅游1.0阶段的发展背景

中国的改革开放起源于农村，这一难得的历史时期为中国农村经济带来了显著的发展和积极变化。改革开放的前十多年里，农村改革和农民自主经营的政策，成功地调动了广大农民的生产积极性，解放了农村的生产力，促进了农村经济的快速发展。

党的十一届三中全会之后，随着农村土地承包经营的深入，农村剩余劳动力问题逐步显现出来，农民急需找到新的发展道路和工作岗位。在这一时期，一方面，乡镇企业的发展，既解决了一部分农村劳动力的就业，又带动了农村经济的发展；另一方面，随着改革开放的推进，城市也逐渐步入了一个平稳、高速的发展时期，真正地进入了一个现代化城市的时代。城市的经济得到了飞速的发展，人们的物质生活也得到了进一步的改善，这些都是发展乡村旅游的一个很好的基础。

改革解放了农村的生产力，调动了农民的生产积极性，使得农村面貌得到了极大的改变，粮食产量、农民收入也有了很大的提高。包产到户的普遍发展时期是在 1981 至 1982 年，这个时期落实了包产到户、包干到户的家庭联产承包责任制，本质是把农村人民公社的集体经营变成农民的家庭经营，把集体生产单位还原为家庭生产单位。家庭联产承包责任制的实行，标志着农村人民公社制度的瓦解，同时这也是农村生产方式的一次重大变革。1982 年到 1986 年我国连续发布了五个中央一号文件，肯定了农村改革的经验，排除了阻碍生产力发展的思想和体制障碍，为农村改革顺利发展奠定了政策基础。其中，1982 年 1 月 1 日，中国共产党历史上第一个关于农村工作的一号文件正式出台，明确指出包产到户、包干到户都是社会主义集体经济的生产责任制，建立了以家庭联产承包责任制为主要形式的农业生产方式，开启了以公有制为主体的多种经济成分并存的发展格局。

家庭联产承包责任制的广泛实施标志着人民公社制度的瓦解，农民成为生产和管理的主体。我国开始对粮食、棉花、食用油等大宗农副产品的统一收购和销售改为以计划为主导，以市场调控为补充的经济体制。国家通过大幅提高农产品价格，充分调动了农民的积极性，并在农业和农村经济发展中引进了市场机制，鼓励农民参与工商业等非农产业，发展乡镇企业，农业生产结构和农村经济结构日趋多样化，乡镇企业也随之繁荣起来。

国民经济的命脉是农业，我们的国策是发展农业。这就说明高效益的观光农业成为我国传统农业现代化可持续发展的一条有效路径。随着时代的变迁和社会经济的发展，观光农业的兴起改变了传统农业仅仅专注于土地本身的经营思想，将发展的思路拓展到更广阔的背景，关注人、地和谐共存。

观光农业通过开发农村旅游资源，将农业与旅游相结合，创造了新的经济增长点。通过农村旅游的方式，游客可以体验农田劳动、农村文化和乡土风情，促进了城乡交流与互动，增加了农民的收入，提高了农民的生活水平。同时，观光农业也为农村地区提供了更多的就业机会，能够帮助农民实现脱贫致富的愿望。从这一层面可以看出，我国传统农业向农业现代化深度发展的方向就是基于天时、地利、人和的新型观光农业。在我国宏观经济转型过程中，发展观光农业是社会资本寻找新的投资领域的必然选择，也是新的经济增长点。发展具有农业特色的观光农业旅游，有着国家直接的经济投资，政策优惠，再加上城市周边的乡村，地理位置有着很强的优势。

我国的经济在经过多年的改革开放后得到了迅速的发展。很多地方的经济水平、技术发展水平都基本上已经具备开发乡村旅游资源的条件。经济结构趋于优化，第一、第二、第三产业的比例由 1952 年的 50.5%、20.9%、28.6% 调整为 1998 年的 18.0%、49.2%、32.8%。一些“瓶颈”产业，如原材料、燃料等的紧张状况得到基本缓解。各产业全面发展，社会商品极大丰富。农业生产稳步发展，农产品供应充足。

20 世纪 90 年代，旅游业作为新的经济增长点，其经济功能和促进对外开放功能得以较好释放。国内旅游的发展是随着国内居民所拥有的可支配收入和闲暇时间的增多而兴起的。当前，我国的经济发展水平并不是同步的，有一些商品经济发达的地区，如闽粤、江浙及其他沿海地区，人们生活水平和收入都比较高，有着出游的大能量，一旦机会合适，就可以大力发展旅游。

1995 年 5 月 1 日起，我国实行五天工作制；1999 年开始实施“五一”、“十一”、春节七天假期；2007 年取消五一七天假，新增清明、端午、中秋为法定假日。节假日的调整促进了国内旅游迅速发展，成为经济增长的重要动力。

国际大环境趋于缓和，入境游客数量逐步增加。随着世界各国争相实施对外开放的相关政策，各个国家之间的政治、科技、文化交往日益频繁，公务旅游和团体旅游也随之增加。随着世界人口的增加，人们越来越喜欢去海边、湖边、山林等一些没有受到污染和破坏的地方。另外，人们受到的教育也越来越好，所以也会有一部分人对历史、世界的发展感兴趣，他们喜欢去博物馆、展览馆等地方。随着科学技术的发展，劳动生产率得到了极大的提高，劳动时间也变得越来越短，再加上人类平均寿命的不断增加，闲暇时间也在不断增加，同时当人们收入提高时，外出旅行的人会更多。所以，发展乡村旅游应该被提上日程。

（三）乡村旅游 1.0 阶段的发展举措和模式特征

1. 改革推动乡村旅游兴起

在乡村旅游发展的初级阶段，我国经济改革率先从农村突破，一些地区农业经营的观念逐渐发生变化，出现了具有乡村旅游特点的经营活动，总体呈现自发性、零散性的特点。乡村社区居民的旅游参与具有自发性的特点，这种特点会带来无序竞争的后果，为了避免这种后果发生，为了旅游经济健康发展，就必须规范旅游经营秩序。规范旅游经营秩序的手段就是乡村社区自发形成管理小组，进行管理，当然这也需要有能力的人带头。

2. 乡村旅游的初期发展模式为农民自发组织模式

我国乡村旅游发展最初是一种自发型的，没有具体的模式和组织运作，是在探索中不断发展的。最初的乡村旅游者主要是国际游客，这些旅游者不再到那些传统的旅游景点，而是到一些比较偏僻落后甚至是尚未开发的地方去旅游。他们喜欢到中国的内陆和边远地区，尤其是具有很强的地方特色和民族特色的地方①。

3. 主要业态形式为农家乐，经营规模小，经营产品单一

以农户家庭为基本单元、以农民自主经营为主体，主要提供农家简易食宿及乡村民俗娱乐服务，数量、种类较少，休闲农业与乡村旅游项目及其产品也缺乏创新性，开发与研究的道路不够广阔，缺少相应的延伸与拓展，这都是经营管理模式单一的原因，使得项目产品的内容也比较单一，但特色鲜明。乡村旅游主要有休闲型、品味型、运动型、观赏型、观光型、学习型、复合型等。这一时期的乡村旅游，一部分是在政府的引导下，把它当作一项政治任务或公益事业来发展，以观光、接待为主；另一部分，则是因为城郊的自然景观，吸引了部分居民、学生自发前来参观、观光，也有部分游客自行到本地农家借宿、用餐，乡村旅游的接待经营便由此产生。所以，这一时期的乡村旅游就是以采摘观光为主的农家旅游。

4. 主要位于大城市近郊和著名旅游景区周边呈散点式空间分布

因为地域条件的不同，兴起的诱因也不一样，所以每个地方的乡村旅游都有各自的特点。把全国各个地方的乡村旅游的发展历程进行对比分析，其中最重要的是位置，也就是知名景点的周围区域的分布。开发乡村旅游，主要有三条途径：一是利用农户自有资金承包的山林地发展旅游业；二是观光农业（根据旅游市场的需要，在景区周边乡村，为了解决物资供应问题而开发的特色农业）。如在种植业、特殊种类家禽、畜鱼类养殖、商品花卉种植业、土特产品加工业以及具有民族特色装饰品的手工艺型农业等的基础上，开发集观光、学习、教育、参与为一体的乡村旅游；三是以风景名胜区为基础，以农家乐为主体，结合一定的乡土文化活动，也就是所谓的“住农家屋，吃农家饭，干农家活，享受农家乐”的乡间旅游。就旅游发展而言，我国城市群可划分为市场型、资源型和混合型三类。

① 郑海燕．论乡村旅游发展模式的层次[J]. 商业时代，2007（18）：92-93.

不同性质的城区郊外，其乡村旅游的内涵构成既有共性又有个性。

以上海、广州和北京为代表的市场型大都市的城郊地区为研究对象，其地理位置优势体现在具有稳定且巨大的客源市场，直接面向周末假日、民俗节庆等需要。在大都市先进的工业文明的辐射作用下，城郊地区已经发展到了近代农业文明的程度。上海浦东的孙桥、北京的韩村河、江苏的张家港、广东的东莞等大都市近郊都具有独特的农业旅游景观。除此以外，每年举行的各种采摘观光、农事观光，更能吸引都市人。我国的资源型城市有很多，每个城市都有自己的特点。目前，湖北随州市等一些郊区县的乡村旅游已经初露端倪，该区域是一个具有中国特色的农业观光区。该区域的旅游开发管理者不但对全市各郊区县进行了全面的旅游农业大公园（包括种植业、观光林业、观光牧业、观光渔业、观光副业和观光生态农业）的统筹，打造了一条长 30 千米、宽 4 千米的银杏观赏带，并在神农故里旅游区创建了一个主题公园式的农业博览公园，这个主题公园是以原始农耕文化为主题，以生态农业为背景进行打造的。

5. 乡村旅游社会支持系统初步建立

在此期间，农村旅游的社会支持体系建设也取得了一定的成绩。例如，部分地方政府对乡村旅游的规划、运营、经营和营销等都起到了示范作用。随着乡村的发展，公路的修建、环境的美化，让农民的生活逐步走向现代化，农业活动也变得更加多元化。此外，城乡间的信息交流与交换也在客观上推动了乡村旅游硬件和软件的提升与发展。

二、乡村旅游 2.0：快速发展阶段

2001—2007 年，为乡村旅游快速发展阶段。全国各地开始如火如荼地宣传乡村旅游，开展乡村旅游活动，开发乡村旅游产品，以期通过发展乡村旅游能够跳出“三农”抓“三农”发展定式，将农村经济发展放到整个国民经济的大格局中，发挥乡村旅游在打破城乡二元结构，发展农村经济，解决“三农”问题，调整农村产业结构，完善旅游产品体系，盘活旅游文化资源等多个方面所产生的作用。

（一）乡村旅游 2.0 阶段的主要进展

2001 年以来，农村改革向纵深推进，以促进农业发展、支持农民增收、保持农村稳定为主线，中国政府将解决“三农”问题提到了前所未有的重要地位。因此，这一时期中国乡村旅游的发展实际担负着助力解决“三农”问题、推进社会

主义新农村建设的时代重任与历史使命。对应“三农”问题，乡村旅游客观上存在着农业旅游、农村旅游、农民旅游的“三农旅游”概念命题。其中，农村旅游即乡村旅游，它是指在农村地域开展的一切旅游供需活动。乡村旅游的概念与第一阶段的农家乐及采摘园、农业观光园等概念既有关联也有区别。农家乐、采摘园、农业观光园等，主要是把农村中的一部分农业景观资源和农业生产、农民生活挖掘出来作为旅游资源，开发形成供给市场的旅游产品，其融合了生产、生活、生态功能，但本质是一种新型农业生产经营形态，即农业旅游，也称作休闲农业。农业旅游或休闲农业既可以在农村区域开展也可以在非农村区域发展，如在城市市区或非农性质的城乡过渡带、“城中村”等区域发展；而乡村旅游的概念则特指在农村区域的旅游发展概念，其本质特征是“农”与“旅”的聚合，是农业与旅游、农村与旅游、农民与旅游的复合体，是旅游与“三农”的嫁接产物，它是将农村中一切可吸引的“三农”事项，包括农村自然环境、田园风光、生产经营形态、农村物产、农耕文化、民俗风情、乡村聚落、农家生活等“三农”资源作为旅游吸引物，以整村或集中连片村落聚集区作为基本单元进行旅游产品开发，以满足城市旅游者旅游活动需求的一种乡村旅游发展形式。乡村旅游作为农村特定地域的农旅结合新型旅游产品，它改变了传统农业专注于土地本身的单一耕作经营思想，把发展思路拓展到“人地共生”的旅游与农业结合的理想模式，使现代农业不仅具有生产性功能，还具有改善农村生态环境质量、促进乡风文明建设的功能，使农村可以为人们提供观光、休闲、度假、教育、农事体验等旅游服务。从此意义上讲，乡村旅游与农业旅游或休闲农业是一种交集关系。这一点在后续发展阶段上，国家政策明确提出“发展休闲农业与乡村旅游”以及组织开展“全国休闲农业与乡村旅游示范县”创建活动等举措中，也可证实休闲农业（农业旅游）与乡村旅游既相互关联也有本质区别。当然，乡村旅游包含了在农村地区因地制宜开展的农业旅游（休闲农业），却并不包含农村地区以外的农业旅游（休闲农业）。通过发展乡村旅游，不仅可以调整农村的农业生产经营形态，还可以对农村经济社会结构的调整产生推动作用。

自 2001 年起，国家及地方各级政府立足乡村旅游具有的资源潜力大、覆盖面广、受益群体多、市场需求旺盛、综合带动性强等特点，充分发挥乡村旅游对拉动消费、促进增长、脱贫致富、统筹城乡区域发展的作用，有效助力缓解“三农”问题、加快促进新农村建设，创新举措大力推动乡村旅游在全国加快发展，产生了一批乡村旅游景区及乡村旅游目的地，彰显出 2.0 乡村旅游蓬勃兴旺的发展态势。据测算，2007 年，全国乡村旅游接待游客 3.35 亿人次，乡村旅游总收入超过498亿元，分别占全国旅游总人数和旅游总收入的20.81%和6.4%，带动直接、间接就业达1600万人。乡村旅游开始成为中国旅游业的重要组成部分，成为加快城乡统筹的重要力量，成为促进农民就业增收、带动农业增产增效、推动农村增绿增色的重要途径。

2.0阶段的中国乡村旅游发展总体特征是乡村旅游成为解决"三农"问题、促进社会主义新农村建设、带动城乡统筹发展的有效途径。各级政府加大力度主导、引导成为乡村旅游发展的重要推动力。社会资本开始成规模进入乡村旅游市场，乡村旅游发展的总量规模集聚扩大，业态形式呈现多元化，服务功能逐渐完善，服务质量有较大提升，空间布局虽仍然聚集于中心城市近郊和著名景区周边，但在全国的分布更加广泛。部分大城市周围的二、三线城市近郊县因为拥有方便的交通、良好的生态及有特色的乡村旅游产品而成为乡村旅游的新热点，投资模式、经营模式等不断创新，示范效应不断扩大。

（二）乡村旅游2.0阶段的发展背景

中国乡村旅游从1.0农家乐时代迈向2.0乡村旅游时代的动力源主要有三个：一是越来越多的农户、乡镇企业经营者认识到发展乡村旅游比从事传统农业生产更有利于增收致富，产生了更多自愿投入旅游经营的内在动力；二是随着国民经济的快速增长和人们收入水平的逐渐提高，以城市居民为主体的国内旅游消费市场迅速扩张，推动了"城郊游""乡村游"的大规模兴起；三是国家大力推行假日旅游。

在城乡一体化战略的推动下，我国的城镇化程度得到了进一步提高，农业和农村经济也步入了一个崭新的发展时期，为推动农业和农村经济结构的战略性调整，促进农业增长方式的转型提供了良好的契机。实施城乡融合战略，以工补农、以城带乡的措施实现了城乡工业的优势互补，促进了农村的生产，发展了农民的生活，使乡村的环境变得更加优美、民风更加文明。

新世纪以来，形成了国内旅游、入境旅游、出境旅游三大市场三足鼎立的格局。旅游业的关联行业超过110个，旅游业与相关产业的融合不断深化，旅游新产品、新业态层出不穷，形成综合性、集群化的产业体系。

随着中国全面建成小康社会，科学技术推动了生产力的发展，人们的休闲时间也越来越多，中国"上班族"每年约有114天的假期，"小康"+"健康"的"双康"时期的休闲旅游需求正在增多。全面建成小康社会后，人们对健康旅游问题的重视程度越来越高，已经成为当代游客最重要的出行动机。休闲与健康息息相关，现代人对于健康的认识已经不仅局限于身体机能正常、体格健壮、精力充沛，而是包含了许多健康的指数，如情绪健康、精神健康、思想健康、社会健康等，使人在闲暇的时候可以实现心闲体静、心宽体健的健康要求。这一健康意识的提高体现在，旅游者期待着从旅游活动中获得身体和心理上的快乐，对旅游环境、活动和服务也有更高的要求，而乡村旅游是一种重要的休闲旅游方式，它可以满足游客在短时间内获得快乐，休闲娱乐和康体健身等多方面的需求，也是它快速发展的主要原因。

和谐社会建设过程中城乡互动协调发展。2004 年，党的十六届四中全会上，党中央提出了构建社会主义和谐社会的重要任务，2006 年 10 月，国家领导人又作出了关于构建社会主义和谐社会若干重大问题的决定，其中明确提出要扎实推进社会主义新农村建设，促进城乡协调发展。城乡协调发展是一个庞大的系统工程，涉及经济、社会、生态、文化等方面。乡村旅游的发展对于促进城乡协调发展能够起到积极的作用，国家旅游局将 2007 年的旅游主题确定为“中国和谐城乡游”，提出“魅力乡村、活力城市、和谐中国”的口号，时任国家旅游局局长的邵琪伟提出发展乡村旅游是统筹城乡发展的重要举措，发展乡村旅游是构建社会主义和谐社会的重要载体，乡村旅游活动的开展成为城乡和谐发展的纽带，能够凸显好山、好水、好资源，有利于营造乡村旅游大环境，开展文明生态富裕村创建活动，打破城乡二元经济结构，缩小城乡差距，实现区域经济的协调发展[①]。

新农村建设给旅游产业带来了巨大的机遇。2005 年，中共中央在党的五中全会上明确指出，把新农村作为一个重要的历史使命，就是要把新农村建设好。“三农”问题已经成为制约中国地区经济高速发展的“瓶颈”，这一次，党中央提出要大力推进新农村建设，解决好“三农”问题，从八个方面着手。从中可以看出，中央对解决“三农”问题下了很大的决心。同时，国家旅游局也适时地将 2006 年度的旅游主题定为“中国乡村旅游年”，把旅游业纳入全国经济发展的大局之中。乡村旅游的发展是与社会主义新农村建设工作相适应的一种体现。它是一种充分发挥国家政策导向，把握机会，推动城乡经济健康发展的一种有效手段。它是让农民增加收入，展示新农村，推广新旅游，倡导新体验，形成新风尚，创新解决“三农”有关问题的一种有效方式。一时间，“吃农家饭，住农家屋，享农家乐”成了城市居民假日最主要的休闲旅游方式，乡村旅游正在全国范围内蓬勃发展，更多的农户从中受益，游客的休闲旅游活动也不断丰富。

① 马勇，赵蕾，宋鸿，等．中国乡村旅游发展路径及模式：以成都乡村旅游发展模式为例 [J]. 经济地理，2007 (2)：336-339.

郊区农业及大量城镇的出现，为发展乡村旅游创造了良好的资源与市场环境。乡村旅游是依托城市郊区的自然风光与农业资源，开发出的一种带有明显农业特征和地方特色的现代旅游产品。中国农业具有悠久的历史，在工业化、城镇化进程中，科技含量高、环保效益高、附加值高的“三高”农业以及无污染的绿色农业，是其发展的必然趋势。我国城郊农区既保留了原有的农业文化，又在近代文明的影响下焕发出勃勃生机。具有鲜明特色的田园景观、高技术的农业生产、现代化的农村景观，都是乡村旅游发展的重要条件。城镇居民是国内及境外游客的主要来源，但因时间、经济等因素，目前仍以短途旅游为主。都市休闲旅游的蓬勃发展，就是这种潮流的具体体现，也是城镇居民消费取向的具体体现。我国的城市数量很多，有 34 座城市人口过百万，200 多座百万人以下的大中型城市，这些共同构成了乡村旅游的庞大客源市场。

（三）乡村旅游 2.0 阶段的发展举措和模式特征

1. 乡村旅游成为解决“三农”问题、促进社会主义新农村建设、带动城乡统筹发展的有效途径

发展乡村旅游，是解决我国“三农”问题和促进农村经济发展的一项重要举措。从 2004 年起，我国就把解决“三农”问题列为全党工作的重中之重，并在此基础上，提出了落实科学发展观，构建和谐社会，建设社会主义新农村等一系列重要措施。在这一过程中，还融合了旅游业的发展，使得乡村旅游逐步向大众化的方向发展，不断地改善农村的环境、完善基础服务设施、改变农民的就业观念、丰富乡村旅游产品，使得越来越多的城镇居民在周末、黄金周期间驱车到乡村进行旅游。成都农家乐、贵州田园模式、云南特色旅游小镇，北京、上海等几个主要城市的现代农业被广泛重视，部分地区为了推进社会主义新农村建设、协调城乡关系，也纷纷结合当地特点，开展乡村旅游。在这个时候，乡村旅游的市场已经在不断地扩张，游客的需求水平也在不断地提升，他们已经不能满足于单纯的观光，与之相对应的是一些具有体验性和参与性的乡村旅游项目得到了快速的发展，如采摘游、农家乐、渔乐等。

2. 各级政府加大力度主导成为乡村旅游发展的重要推动力

借助政府的顶层宏观设计以及对乡村旅游目的地乡土地域特点的科学把握、客源市场需求的精准分析、农村旅游资源的联动整合、乡村特色旅游产品的差异化创意设计、乡村旅游服务品质的大力提升，社会资本也开始成规模地进入乡村旅游市场。

3. 乡村旅游发展的总量规模集聚扩大，业态形式呈现多元化

全国范围内农家乐数量急剧增长，并向渔家乐、牧家乐、藏家乐、洋家乐等延伸，地域分布也从城郊向远郊扩展。休闲农庄、观光农业园、果蔬采摘园、古村古寨游等旅游产品开始出现，进一步丰富了乡村旅游产品体系，使乡村旅游的整体发展水平大大提高。在部分乡村旅游发展较成熟的地区，开始出现精品化、特色化的发展趋势。服务功能逐渐完善，服务质量有较大提升。

4. 乡村旅游空间网络体系逐渐形成

在此期间，乡村旅游的外在空间是开放的。随着新农村建设的推进，城乡一体化进程加快，乡村旅游网络化系统不断完善。乡村公路的修建，各类运输方式的出现，极大地缩短了城市与乡村的距离。我国的改革开放、经济全球化的浪潮以及新经济的兴起，使城乡之间的旅游线路和节点变得更多，区域合作也随之产生，乡村旅游点与线相互交错，形成了一张网络，乡村旅游的网络系统正在逐步成型，外部空间日益开放。

三、乡村旅游 3.0：转型提升阶段

随着高质量绿色发展理念的深入实践，乡村旅游成为后发崛起的重要产业，以农家乐为代表的乡村旅游从单打独斗的 1.0 版，到联合发展的 2.0 版，经历了 10 余年时间，随着消费升级浪潮的到来，低端的农家乐已经越来越不适应游客的需求，原来一些传统的农家乐日渐式微，而浙江德清“裸心谷”等乡村度假模式在全国范围内的兴起，促使乡村旅游和休闲农业进入了 3.0 版本：乡村旅游转型提升阶段。这一时期是中国遭遇罕见重大自然灾害及全球金融危机挑战、从磨难中奋起复兴的艰难期；是中国人均 GDP 在全球增长最快，国内旅游市场全面激活释放出刚性需求的加速期；也是我国牢固树立和深入贯彻落实创新、协调、绿色、开放、共享的新发展理念，全面建成小康社会、推动农村转变经济发展方式、推进农业现代化、加快社会主义新农村建设的黄金期。

（一）乡村旅游 3.0 阶段的主要进展

这一时期，我国乡村旅游顺应时代要求和市场需求，加快产业融合、产品创新，提升发展质量，由粗放走向集约。自 2010 年起，步入了以全面加速转型升级、提质增效为主线的重要发展阶段，在国家大力推动发展休闲农业与乡村旅游的进程中，许多地方开始呈现出 3.0 乡村度假游的新业态、新标杆。

乡村度假游与乡村观光游、乡村休闲游等，都是乡村旅游的不同发展类型。乡村度假游因旅游者的消费时间持续较长、所需消费业态更加丰富而有别于乡村观光游、乡村休闲游。事实上，旅游者的度假游也包含观光、休闲活动，由于乡村度假游对乡村度假环境、住宿、交通、公共服务等旅游设施及餐饮、娱乐、购物等旅游要素的供给有更高需求，乡村度假游在发展中通常需要乡村具有四个基本条件，即良好的度假环境（包含气候、生态、田园风光、乡风文明、社区安全等）、舒适的旅游设施、特色的休闲娱乐和周到的旅游服务。我国乡村旅游经过前面两个阶段的发展，给乡村度假游的兴起奠定了良好基础，在城市居民多层次旅游消费结构形成的拉动下，乡村度假游迎来了成熟的发展时机。

2008 年一开始，中央一号文件《中共中央国务院关于切实加强农业基础建设进一步促进农业发展农民增收的若干意见》（中发〔2008〕1 号）就明确指出：2008 年及今后一个时期，要按照形成城乡经济社会发展一体化新格局的要求，突出加强农业基础建设，积极促进农业稳定发展、农民持续增收，努力保障主要农产品基本供给，切实解决农村民生问题，扎实推进社会主义新农村建设；并把提高乡村旅游发展水平，作为农业增效、农民增收的重要举措。首次从国家最高层面把乡村旅游的发展提到议事日程。然而，2008 年是极不平凡的一年，我国南方遭遇了百年罕见的大面积雪灾、“5・12”汶川特大地震灾害及全球金融危机等重大挑战，全国旅游业包括乡村旅游的发展跌至谷底。面对巨大艰难挑战，乡村旅游作为中国旅游业的重要组成部分，在这一阶段被赋予了新的历史使命，不仅继续承担着促进农业增效、农民增收和社会主义新农村建设、推动城乡统筹等重大任务，还肩负起保增长、调结构、扩内需、惠民生的时代重任，也是我国将旅游业培育成国民经济战略性支柱产业和人民群众更加满意的现代服务业的重要基础支撑。

中国政府面对重大挑战，为了充分发挥旅游业在保增长、调结构、扩内需、保民生等方面的积极作用，及时作出了把旅游业作为国民经济战略性支柱产业进行重点支持和培育的重大决策，并且把大力发展乡村旅游摆在重要位置，积极发挥乡村旅游在实现统筹城乡发展、破解“三农”问题、保护乡村生态环境、促进农业现代化、建设社会主义新农村与美丽乡村、拉动社会消费等方面的综合带动作用。2009 年国务院专门出台了《关于加快发展旅游业的意见》（国发〔2009〕41 号），明确提出“把旅游业培育成国民经济的战略性支柱产业和人民群众更加满意的现代服务业”的宏伟目标，同时强调要实施乡村旅游富民工程。开展各具特色的农业观光和体验性旅游活动。在妥善保护自然生态、原居环境和历史文化遗存的前提下，合理利用民族村寨、古村古镇，建设特色景观旅游村镇，规范发展"农家乐"、休闲农庄等旅游产品。依托国家级文化、自然遗产地，打造有代表性的精品景区。积极发展休闲度假旅游，引导城市周边休闲度假带建设。这成为中国乡村旅游发展史上的重要里程碑，是中国乡村旅游迈向转型提升、全面发展新阶段的重要标志。

在国家政策导向下，国家相关部门采取了创新举措，各地也纷纷出台相关政策，全国上下共同推动休闲农业发展，使乡村度假游成为这一阶段乡村旅游的新业态、新热点。2009 年，国家旅游局制订并实施了《全国乡村旅游倍增计划》，全面提高乡村旅游发展水平。

这一阶段，浙江德清以莫干山为核心的洋家民宿跃然成为中国乡村度假游的新样板、新标杆，大山深处"一房难求"，真实刻画了消费者对精品度假产品的喜爱。德清莫干山的"洋家＋中式"乡村度假模式，是浙江湖州打造的四大乡村旅游模式之一。滴水穿石非一日之功，早在 2009 年浙江湖州就提出了"从农家乐向生态（乡村）旅游转变"的提升发展思路，2013 年出台了《湖州市人民政府关于推进乡村旅游提升发展的意见》，以长三角乡村旅游联盟为依托，引导乡村旅游向精品化、生态化、品质化、特色化和乡土化发展；2012 年，湖州市以省级乡村旅游提升发展专项改革试点市建设为契机，以培育乡村旅游示范区为抓手，出台了《加快乡村旅游示范区培育建设的实施意见》，组织编制了乡村民宿发展规划，致力推动建设以美丽乡村带动的"生态＋文化"（安吉）、以洋家乐带动的"洋式＋中式"（德清）、以旅游景区带动的"景区＋农家"（长兴）、以休闲农庄带动的"农庄＋游购"（湖州近郊）的乡村旅游四大模式，培育了洋家民宿、农家民宿、两山民宿、水乡民宿四大业态。其中，德清以莫干山为中心的洋家民宿成为乡村度假游的一大亮点。集聚了比利时、法国、英国、丹麦、南非、韩国等一批外国投资经营者，打造了裸心谷、法国山居、莫梵、大乐之野、莫干山居图等一批洋家民宿精品。在个性化设计的同时保留"乡村味"，提供生态自然的居住体验，强调规模化及可持续发展理念，逐渐形成了以裸心谷为中心向周边辐射的莫干山"洋家乐"群落，聘用当地村民当洋管家，吸引了 50 多个国家 300 多座城市的国际游客及国内一大批消费者慕名来访。大量游客入住与消费，带动了当地经济发展，为当地村民提供了就业机会，实现了经营者与村民的双赢。2016 年又新推出了山浩户外运动基地、翠域·木竹坞精品民宿聚集区等休闲度假产品，开展了莫干山赏花节、国际竹海马拉松、民宿生态日、"海派莫干·民宿圣诞"、莫干山民俗文化节等各类节会活动，持续扩大影响力。截至 2016 年，环莫干山民宿数量已经达到 489 家，床位数 7900 张，接待游客超过 230 万人次、实现旅游收入约 23 亿元。莫干山之所以快速成为我国民宿投资热土、全球“洋家乐”品牌的原创地，一方面是因其地处经济发达的长三角地区，市场腹地广阔、消费水平较高、交通便利、区位优势突出、度假传统悠久、文化底蕴深厚，生态环境优越、旅游资源丰富等，当莫干山将厚重地域文化与时尚民宿品牌有机结合开发时，民宿唤醒和延续了莫干山海派特征的休闲度假文化，并赋予它时代特征；另一方面是浙江省对乡村旅游发展的政策扶持与财政支持一直走在全国前列，湖州又是浙江乡村旅游改革试点先行区，浙江省丰富的民间资本、公民具有较强的经济法律意识及良好的契约精神，国内具有一批熟知中国乡村特性、热爱乡村文化且具有国际视野的设计师队伍等，为莫干山民宿投资营造了成熟开放的环境。所以，短短几年间莫干山就走出了一条以美丽乡村建设为基础，以“洋家乐”为核心吸引物，以旅游景区为带动的“国际化、多元化、精品化”的发展道路，为乡村民宿度假的“湖州模式”画龙点睛，抒写了“绿水青山就是金山银山”的动人篇章，给繁华的长三角打造了一个望得见山、记得住乡愁却不落后于时代的全国一流国际乡村度假旅游目的地，成为带动周边村镇发展、实现城乡统筹、促进社会主义新农村和美丽乡村建设的中国示范样板。

为了进一步强化乡村旅游在带动美丽宜居乡村建设、提升乡村生态文明、促进新型城镇化和城乡一体化发展、拉动消费上升等方面的综合作用，2016 年农业部按照“政府指导、农民主体、多方参与、共建共享”的思路，启动开展了中国美丽休闲乡村推介活动，向公众推介了 150 个包括历史古村、特色民居村、现代新村、特色民俗村四大类型的天蓝、地绿、水净、安居、乐业、增收的中国美丽休闲乡村，加速提高了乡村旅游的吸引力。2016 年，全国休闲农业和乡村旅游共接待游客近 21 亿人次，营业收入超过 5700 亿元，分别占当年国内游客 44 亿人次及国内旅游总收入 3.94 万亿元的 47.73% 和 14.46%；从业人员 845 万人，带动 672 万户农民受益，全国休闲农业经营主体达到 180 多万家[①]。

这一阶段中国乡村旅游发展的总体特征是国家层面高度重视，从中央到地方均出台了大量关于加快休闲农业与乡村旅游发展的重要指导性文件，这在中国乡村旅游发展史上是史无前例的，极大地加速了政府、市场与农户三方联动。社会资本主动“下乡”，市场与投资成为拉动乡村旅游发展的重要动力源，加速推动

① 李慧．去年全国休闲农业和乡村旅游接待游客近 21 亿人次 [N]. 光明日报，2017-04-11 (007) .

了全国各地乡村旅游蓬勃发展、提质增效。乡村旅游在中国旅游业中的地位更加突出，乡村旅游的业态模式更加丰富多元，乡村旅游成为令人瞩目的新业态；乡村旅游的投资与运营等也出现了巨大变化，外资和国内社会资本的介入给乡村旅游的提升发展带来新的活力。

（二）乡村旅游 3.0 阶段的发展背景

城市化速度越来越快。随着全球的工业化与都市化的进程加快，越来越多的人长年居住在高楼林立的都市。中国的城市化率在 2009 年底已经超过了 45%，北京、上海、广州、深圳都超过了 80%。这些城市居民长期居住在这样高压、快节奏的城市，他们的生活逐渐变得无味、压抑，因此人们迫切地想要回归自然、安静、舒适的地方生活。世界旅游组织的研究表明，当人均 GDP 达到 2000 美元时，休闲游将获得快速发展；当人均 GDP 达到 3000 美元时，旅游需求出现爆发性增长，旅游形态以度假游为主；当人均 GDP 达到 5000 美元时，步入成熟的度假旅游经济阶段，休闲需求和消费能力日益增强并出现多元化趋势。据统计，1978 年我国城镇居民家庭人均可支配收入仅为 343 元，到 2009 年达到 23088 元，增长了 66 倍；恩格尔系数也由 67.7% 降到 36%，下降了 30 多个百分点。随着城市化进程的加快，城市居民数量急剧增加，公园、绿地等休闲设施不足，亟需开发新的旅游空间。由于人们的经济收入和休闲时间的增长，人们在衣着、食品、住房等方面的消费比例呈下降趋势，而旅游、休闲和度假消费需求则呈上升趋势。农村交通状况的不断改善为农村旅游业的发展创造了良好的条件。

农村与农业的旅游、休闲功能越来越突出。农村地区地域辽阔，自然景观种类繁多，而且多数地区保留了自然面貌，再加上不同地区的风俗习惯和民风民俗，使得乡村旅游呈现出了独有的特征。村庄的自然环境优美，村庄作坊古朴，农副产品天然，劳动形式原始，民风民俗真实，农耕文化悠久，村庄建筑古老，在农村地区形成了一种“古、始、真、土”的特有景观，拥有城市无法比拟的亲近自然的优势，为旅游者回归自然、返璞归真提供了条件。农村与农业的职能已经从单一的农业生产职能转变为集农业生产，生态涵养，观光休闲，农耕体验，教育休闲等为一体的综合职能。中国大城市周边农村地区的传统农业生产职能日趋弱化，旅游、休闲等职能日渐突出。

第三产业有了很大的发展，社会服务水平有了很大的提高，旅游业也有了很大的发展。因为旅游业是服务行业，其产品主要是以运动的形式存在，在生产过程中，不会留下任何物质载体。我国拥有丰富而多样的农业资源，在改革开放之后，中国的乡镇企业迅速崛起，为农村的富裕和逐渐走向现代化开辟了一条新的途径，这无疑将成为乡村旅游发展的有力支撑。

（三）乡村旅游 3.0 阶段的发展举措和模式特征

国家层面高度重视，从中央到地方均出台了大量关于加快休闲农业与乡村旅游发展的重要指导性文件。这在中国乡村旅游发展史上是史无前例的，使乡村旅游发展呈现出政府、市场与农户三方联动态势，社会资本主动“下乡”，市场与投资成为拉动乡村旅游发展的重要动力源，加速推动了全国各地乡村旅游蓬勃发展、提质增效。

乡村旅游在中国旅游业中的地位更加突出，乡村旅游的业态模式更加丰富多元。乡村旅游作为横跨第一、第二、第三产业，融合生产、生活和生态，紧密结合农业、农产品加工和农村服务业的新型产业形态，对农民就业、创业，促进农民增收有着不可替代的作用，对调整农村产业结构具有重要意义。在乡村旅游发展过程中，农民在从事农事工作的同时发展乡村旅游以满足城市居民休闲的需要，乡村旅游成为引人瞩目的新业态；乡村旅游的投资与运营等也出现了巨大变化，外资和国内社会资本的介入，给乡村旅游的提升发展带来新的活力。

乡村旅游已经成为中国广大农村发展的重要途径，这一点得到了市场和社会的广泛关注与认同，在传承农耕文明、保护传统民居，培育新的消费增长点，增强乡村经济发展动能，推动农业供给侧结构性改革，带动农民就业增收、促进新型城镇化和城乡一体化发展上产生重要作用。

四、乡村旅游 4.0：开拓创新阶段

（一）乡村旅游 4.0 阶段的主要进展

2020 年，全国乡村旅游接待总人数接近 10 亿人次，乡村旅游总收入 3898 亿元。乡村旅游已成为中国旅游业中最具活力的消费热点和增长点。为了进一步推动乡村旅游发展，发挥其在助力乡村振兴中的作用，各地都在不断丰富乡村旅游内涵，完善乡村旅游产业链，并逐步提升乡村旅游品位。

乡村生活是相对于城市生活而言的，是以乡村作为特定空间，包含了乡村的物质空间、社会空间、文化空间等多维空间，与城市生活具有明显区别的一种生存方式。中国提出实施乡村振兴战略，突出的是“乡村”地域概念，而非传统“农村”概念，乡村要一、二、三产业联动发展；乡村要有城市没有的优美生态环境、

田园风光、独特生活方式、文化习俗；乡村也不仅是农民生产生活居住的地方，乡村还会成为城里人向往和旅居、定居生活的地方，真正实现“让农村成为安居乐业的美丽家园”。所以，中国乡村振兴战略不是单纯振兴乡村产业、焕颜乡村风貌，更重要的是重建乡村生活空间，让人口结构失衡的乡村重拾人气，成为人们喜爱生活的地方，从而推动乡村的组织振兴、社会振兴和文化振兴。中国乡村旅游前面三十多年的发展事实证明，乡村旅游是乡村振兴的一条有效途径。乡村旅游一手牵着农民，一手牵着市民；一手托着农村，一手托着城市；一肩挑着一产，一肩挑着二产和三产；一方面给农村提供发展机会、给农民提供就业渠道，另一方面通过市场自行调节促进城乡一体化，让乡村发展成为宜居、宜业、宜游的地方，成为吸引乡下人返乡、城里人下乡的新动力，对推动建立城乡双向人口流动机制、改善乡村物理和社会空间、重建乡村生活空间、重塑城乡关系具有突出作用。

为此，这一阶段国家紧紧围绕实施乡村振兴战略，对全国乡村旅游的发展也作出了新的战略部署，以更大力度推动乡村旅游发挥在重建乡村生活方面的积极作用。2018 年 1 月，中央一号文件《中共中央、国务院关于实施乡村振兴战略的意见》（中发〔2018〕1 号）中提出“实施休闲农业和乡村旅游精品工程，建设一批设施完备、功能多样的休闲观光园区、森林人家、康养基地、乡村民宿、特色小镇”。同年 9 月，中共中央、国务院印发了《乡村振兴战略规划（2018—2022 年）》（以下简称《规划》），这是我国出台的第一个全面推进乡村振兴战略的五年规划。《规划》将“休闲农业和乡村旅游接待人才”专门列入了乡村振兴战略规划主要指标中，表明国家高层高度认可乡村旅游是乡村振兴的重要力量。

在国家高层系统性地实施乡村振兴战略顶层设计指导下，国家相关部门围绕落实“实施休闲农业和乡村旅游精品工程”的决策部署，纷纷制订了相关行动方案。2018 年 3 月，国务院办公厅下发了《关于促进全域旅游发展的指导意见》（国办发〔2018〕15 号），明确提出要“推动旅游与农业、林业、水利融合发展。大力发展观光农业、休闲农业，培育田园艺术景观、阳台农艺等创意农业，鼓励发展具备旅游功能的定制农业、会展农业、众筹农业、家庭农场、家庭牧场等新型农业业态，打造一、二、三产业融合发展的美丽休闲乡村”[①]。2018 年 4 月，新组建的农业农村部下发了《关于开展休闲农业和乡村旅游升级行动的通知》（农加发〔2018〕3 号）（简称《通知》），《通知》指出：休闲农业和乡村旅游是农业旅

① 国务院办公厅．国务院办公厅关于促进全域旅游发展的指导意见[EB/OL].（2018-03-22）[2023-09-10].https://www.gov.cn/gongbao/content/2018/content_5280575.htm.

游文化“三位一体”、生产生活生态同步改善、农村一产二产三产深度融合的新产业新业态新模式。11 月，新组建的文化和旅游部、农业农村部及国家发展和改革委员会等 17 个国家部门联合印发了《关于促进乡村旅游可持续发展的指导意见》，提出各地从农村实际和旅游市场需求出发，强化规划引领，完善乡村基础设施建设，优化乡村旅游环境，丰富乡村旅游产品，促进乡村旅游向市场化、产业化方向发展，全面提升乡村旅游的发展质量和综合效益，为实现我国乡村全面振兴做出重要贡献。

（二）乡村旅游 4.0 阶段的发展背景

随着人们生活水平不断提高和国家经济社会发展主要矛盾的变化，我国改革进程正在步入全面深化的新阶段。现在，中国旅游业面临的主要挑战是随着人们对美好旅游生活需求的增加，旅游业发展与满足需求之间的矛盾越来越突出。随着时间的推移，人们在乡村旅游方面的需求发生了变化。游客更加注重细节和深度体验，不再满足于简单的观光旅游，传统的乡村旅游产品设计需要进行改进以适应这一发展趋势。为了应对这一挑战，乡村旅游业不断升级其业态内容和服务水平。因此，出现了一系列富有独特风格、优质特性和独具特色的产品，如民宿、乡村度假酒店、乡村度假中心和乡村体育旅游俱乐部等。

党的十九大报告作出“我国经济已由高速增长阶段转向高质量发展阶段”的重大历史判断，2017 年、2018 年连续两年的中央经济工作会议都重点强调推动高质量发展，可见高质量发展已成为我国经济社会发展的总指引，也为乡村旅游发展提供了战略指引。

大众旅游蓬勃发展。习近平总书记在党的十九大报告中指出：“中国特色社会主义进入新时代，我国社会主要矛盾已经转化为人民日益增长的美好生活需要和不平衡不充分的发展之间的矛盾。”[①] 旅游已经成为居民的普遍需求，大众旅游市场服务质量稳步提升。而另外，交通网络的逐渐完善、私家车保有量的快速增长、酒店网上预订等使旅游的需求转变为旅游行为，团体和自助旅游日趋繁荣。大众旅游产品往往意味着最基本的质量保障，而高质量产品和服务则意味着更高的消费水平。

休闲旅游逐渐成为主导。休闲旅游就是以休闲为目的的旅游。与传统旅游相比，休闲旅游的旅游者更注重精神享受，相对于传统的观光、踩点的跟团游，休

① 李慎明．正确认识中国特色社会主义新时代社会主要矛盾[EB/OL]．(2018-03-09) [2023-09-10].http://theory.people.com.cn/n1/2018/0309/c40531-29858058.html.

闲旅游更倾向于自由行度假旅游。2015 年国务院办公厅出台《关于进一步促进旅游投资和消费的若干意见》明确提出：鼓励弹性作息，有条件的地方和单位可根据实际情况，依法优化调整夏季作息安排，为职工周五下午与周末结合外出休闲度假创造有利条件。随着我国旅游业发展，观光旅游向休闲度假游转变，2015、2017、2019 年分三批共推出 30 家国家级旅游度假区，使其成为旅游行业继 5A 级景区之后的又一块金字招牌。

“旅游 +”“+ 旅游”跨行业的命运共同体加速构建。近年来，以旅游业为核心融合其他产业共同发展的“旅游 +”理念深受地方政府青睐。但“旅游 +”策略的实施是建立在社会经济稳定前提下的，甲型 H_1N_1 流行期间旅游业丧失了“造血”和“输血”的能力，这对旅游业等行业造成重创，但也给医疗康养、线上营销、线上娱乐、远程办公、人工智能、无人零售和无接触配送、应急管理、心理咨询等行业带来新的机遇。甲型 H_1N_1 流行过后旅游市场恢复，旅游业应该主动关联风险抵御能力强的行业以增强产业活性，“旅游 +”思维向“+ 旅游”理念转变势在必行。旅游业与关联行业相互联系、相互依存，“+ 旅游”理念更能体现旅游业作为综合性产业与关联行业间休戚与共的特征。利用“互联网 + 旅游”模式创新市场营销体系、开拓增量市场，利用“农业 + 旅游”“文化 + 旅游”“科技 + 旅游”模式优化旅游供给体系、延长产业链条，利用“医疗健康 + 旅游”“线上娱乐 + 旅游”“远程办公 + 旅游”“人工智能 + 旅游”“心理咨询 + 旅游”等模式，进行多元业态的复合发展，有利于拓展旅游市场发展空间，增强旅游市场恢复重振的驱动力和抵御外部风险的抗压能力。

近郊度假、自驾游更受青睐。短线游、周边游成为旅游新趋势，近几年我国自驾游装备行业发展速度较快，受益于自驾游装备行业生产技术不断提高以及下游需求市场不断扩大，自驾游备受青睐。宏观经济从高速增长进入中高速增长的新常态，旅游产业呈现出持续发展的良好态势。自驾游作为国内旅游的中坚力量，对旅游业的总体快速发展功不可没。同时，自驾游作为依托汽车技术和移动互联技术的新兴消费方式，顺应了汽车时代和互联网时代的小众化、定制化、亲密化的消费特征，是国内旅游新的消费增长点，是旅游业提质增效、产业升级的重要方向，在当前经济发展中，对于促进产业良性、稳定、持续发展，优化产业结构和消费结构，吸纳劳动就业都具有重要意义。

网生代（Z 世代）成为旅游消费主力军。Z 世代是伴随着移动互联网诞生和发展的“95 后”“00 后”独特群体。在他们的成长中，社交软件、游戏、短视频、直播像空气一样稀松平常。他们的产品认知和消费习惯，是推动商业与社会发展的深刻动因之一。我国 Z 世代人口多达 2.64 亿，约占人口总数的 19%，2021 年春节中国旅游预订客群年龄分布数据显示，年龄位于 18～25 岁的旅游消费者占比为 45%，他们已经成为中国旅游消费的主力军，Z 世代的旅行消费无疑是最具代际特征的消费领域。

第三节　乡村旅游发展的条件

根据国际经验，乡村旅游的发展需要具备一定的条件，既需要有得天独厚的资源条件，靠近客源市场或者具有良好的可进入性，也要有一定的产业基础。政府的政策导向对乡村旅游的发展也起着非常重要的作用。

一、资源条件

能够被旅游业利用，还能吸引旅游者前来进行旅游活动，同时还能产生经济、社会、生态等综合效益的乡村景观客体就是乡村旅游资源。这种乡村旅游资源的基础是自然环境，主导是包含人文因素的人类文化，同时还是与自然环境紧密结合在一起的一种文化景观。这是一种由自然环境、物质和非物质要素共同组成的和谐的乡村地域复合体。

我国农村旅游资源十分丰富，可以说各种类型都有。不同的乡村自然景观，丰富多彩的乡村民俗风情，富有情趣的乡土文化艺术，风格迥异的乡村民居建筑，富有特色的乡村传统农事活动，形态各异的农耕器具，具有强烈生活感的农产品现场加工及制作工艺，这些都是乡村旅游可以挖掘和利用的丰富资源。从乡村旅游开发的角度看，我们应该去除国家级风景名胜区、国家森林公园、自然保护区等已经由国家直接控制的成型的景区。乡村旅游更多的是着眼于景观农业及乡村休闲。

二、市场依托

旅游产业的发展，离不开市场。乡村旅游是满足城镇居民休闲、度假旅游需要的一种重要产品。发展乡村旅游，常常要以中心城市为依托，依靠便利的交通、优越的地理位置。这也是国际上乡村旅游发展提供的一个基本经验。

国外的乡村旅游最早在 19 世纪欧洲兴起，先是在贵族阶层兴起，目的是躲避都市工业的污染与快速的生活节奏。世界上早期的乡村旅游区是欧洲阿尔卑斯山区、美国和加拿大的落基山区，这两个地区发展起来的原因是受到铁路等交通设施发展的影响，农村的交通得到了快速发展，所以成为最早的乡村旅游地区。伴随着乡村旅游的持续发展，其发展的形态也越来越多，但是在诸多的发展模式中，最具有市场、最普遍、最有发展后劲的一种是以中心城市为主要的客源市场，也就是城市依托性的乡村旅游。这种模式可以利用农村的自然生态和农村文化，从食、住、行、游、购、娱等多个角度来满足城镇居民的休闲度假需要。

三、产业基础

与其他旅游形式类似，乡村旅游的发展也要建立在旅游供给的基础上。从总体上看，旅游产品的供给主要分为游、购、娱、食、住、行六大类，其中前三者为旅游的目标供给，后三者为支撑供给。当地政府在进行乡村旅游开发时，应将其视为一个完整的产业。

很多管理者都忽略了乡村旅游中的一些关键环节（农业资源基础、旅游基础设施、卫生环境等），以为只是单纯地将现有的农田、果园和住宅进行开发，就可以打造成一个乡村旅游区。乡村旅游产业化是推进乡村旅游发展的必由之路，要让乡村旅游特色化、规范化、规模化和品牌化，就需要乡村旅游地政府、企业和农户增强产业化意识。邹统钎指出“产业链本地化”和“经营者共生化”是实现乡村旅游可持续发展的内在机制。[①] 所谓产业链本地化，就是在乡村旅游的发展过程中，注重将农村当地的资源，包括各类原材料、人力资源等，以旅游业作为主导，对相关产业进行优化配置，在当地进行生产和销售，打造一条完善的产业链，将旅游收入最大化。而本土化产业链最大的社会职能，则是为当地民众提供就业机会，进而达到扶贫的目的。

四、政策导向

英国、法国、美国、意大利、日本、西班牙等国家发展乡村旅游经验丰富。纵观世界各国乡村旅游的发展壮大，无不与各国政府的支持和鼓励密切相关。多数国家和地区把乡村旅游作为政治任务或公益事业来发展，把社会效益（如扶贫、增加就业等）放在经济效益之上。

英国是最早开发乡村旅游的国家，英国在 20 世纪六七十年代就开始发展乡

① 邹统钎，马欣，张昕玲，等．乡村旅游可持续发展的动力机制与政府规制 [J]. 杭州师范学院学报（社会科学版），2006（2）：64-67.

村旅游。到了 90 年代，以农耕为主的观光胜地已经变成了与手工艺品中心、休闲娱乐场所、主题公园、文化遗产中心等齐名的时尚景点。为支援乡村旅游，从 1991 年起，英国农业发展委员会就提议资助有明确目标的私人开发项目；农林水产部还按照计划，为若干农业观光胜地的发展提供资金支助，并对那些试图通过旅游业实现经营多元化的农民予以补助；农村委员会还为改进农村地区的观光设施项目提供资金。这一系列的政策措施，对英国乡村旅游业的整体发展产生了积极影响。

意大利政府也曾大力发展乡村旅游业。农民在发展乡村旅游业时，可以得到政府提供的低利率贷款、减免税费等优惠；意大利政府也整合并协调国内重要的农业观光资源，争取让每个地区都能保持本地区的地域性特点，避免同类型的竞争。

第四节　乡村旅游的开发模式

政府、企业和农户是乡村旅游的三大主体。基于三者参与程度和利益分配模式的乡村旅游开发模式，是关系到三者利益分配的关键因素。根据主体参与程度的不同，当前旅游开发模式主要存在四种类型，即政府主导型、企业主导型、社区参与型、社区主导型。

一、政府主导型

（一）适用情况

政府主导型旅游开发模式往往与旅游扶贫等政治目标相结合。对边远地区的少数民族村寨而言，发展农业的条件及发展工业的资源都略有不足。然而，很多民族村寨风光秀丽，旅游资源丰富，在改革开放、文化统一的背景下保留了很好的生态环境和文化传统，非常适合开发乡村旅游。政府加大基础设施投资力度，改善当地的交通、通信、生活条件，并通过政策支持为这些地区的旅游开发提供便利，能够在短期内快速吸引大量投资，对改善这些地区的经济面貌、壮大区域经济起到快速、有效的作用。

（二）局限性

虽然这一开发模式对改变边远山区的经济面貌非常有效，发展之初由于经济上的受益，当地村民都比较满意，但随着游客的大规模进入，非物质文化遗产的破坏问题已经引起各界的关注。村民较少参与政府主导的“旅游扶贫”项目，而是主要从事非技术性、低报酬性劳动。

二、企业主导型

（一）适用情况

在乡村旅游中，企业主导型旅游开发模式主要应用于那些资源禀赋和市场前景良好的村落。在开发早期阶段该模式是非常有效率的。在市场启动时，由于企业化开发模式在资金、管理和市场信息方面的优势，投资见效快，可以使当地的资源优势转化为旅游资源，吸引大量游客，并将这些资源优势转化为经济效益，增加当地居民的收入，提高他们的生活水平。在开发初期，当地居民对外来经营者通常持欢迎态度。

（二）局限性

乡村旅游进入成熟期后，对利益分配的不满会使各利益主体之间的矛盾越来越突出。在这种企业主导的发展方式下，当地村民往往只能成为旅游服务业的低成本劳动力，地方社区的利益从属于外来投资者和旅游企业，很可能会出现“外来者赚大头，当地人赚零头”的情况，这对当地社会的可持续发展不利。在乡村旅游产品的发展过程中，纯粹的企业开发模式对市场的引导能力更强，很可能会导致产品的同质化，而且如果企业完全控制了当地的旅游业，垄断了旅游发展带来的绝大部分收益，使村镇一级的政权主体地位弱化，村民没有可行的利益表达机制参与到旅游发展决策当中来的话，迟早会导致多方矛盾的激化，增加企业经营管理的成本。

三、社区参与型

在发展乡村旅游的实践中，农户往往处于弱势的地位，缺乏话语权，造成了当地村民对旅游者的反感，这会影响游客在当地的旅游体验。因此，在后期的乡村旅游实践中，乡村社区参与方式也是一种探索。该模式是指乡村旅游发展依赖于集体拥有的资源，应充分考虑社区利益，引导村民以多种方式参与乡村旅游发展，并让村民能够从中获益。

（一）表现形式

社区参与的发展模式有自营农场、农户＋农户、公司＋农户、公司＋社区＋农户、村委会＋旅游协会＋村民等。在这些模式中，政府的工作重心在于为经济发展创造有利的宏观环境，而非直接介入企业运营。在发展乡村旅游时，最基本的目标就是要让社区中的各方达到共赢。

1．初级阶段（参与程度低）

随着社区参与的概念被引入乡村旅游发展中，社区在旅游产业中的作用也日益凸显。在初始阶段，农户主要通过到有关旅游企业打工获取劳动收益，参加一些基本的服务技能培训，参加旅游发展研讨会。他们的参与度比较低，从整体来看，在利益的分配上，农民还是处在一个从属的地位。

2．成熟阶段（参与程度高）

为了满足地方民众对参与的更高水平需求，市场上开始涌现出新的参与方式。村民开始自发地从事旅游业的运营：开设小型家庭旅馆，推销土特产或做专业的原料供应；提供表演、接待等服务；接受较高水平的职业训练；村民入股旅游企业，参与旅游开发的经营、决策等。这些都充分显示了社区参与思想在乡村旅游开发中的不断深化。

（二）局限性

社区参与的形式虽然出现了多样化，但总体上来看，这些参与形式尚属浅层次的。

四、社区主导型

随着乡村旅游的不断深入发展和村民思想意识、经营意识的不断提高，当地村民认识到低层次参与是不够的，应该实行社区主导的开发模式，即由本村村民主导和决定本村的乡村旅游开发事宜，参与乡村旅游发展的全部利益分配。

（一）优点

一是由社区自行参与的乡村旅游极大地调动了村民对公共事务的参与热情，增强了村民对社区事务的治理能力，推动了村民的民主自治。二是以村民为中心的发展方式，其最大优势就是一切收益都由村民自行支配，最大程度地保护了村民的权益。三是因为参与人均为本村人，所以不会受到外来文化的冲击，呈现在游客面前的是原始的地方传统文化，有利于保持其文化的本来面目。四是有助于村民对生态环境的自觉保护，实现人与自然的和谐相处。

（二）局限性

一是村民投入的资金有限，公共设施和旅游接待设施的建设有限，旅游接待规模有限；对乡村社区环境的改善有限；也没有充足的能力开展广泛的市场营销，旅游吸引力有限。二是村民文化素质不高，眼界不够开阔，缺乏先进的管理理念，因此，旅游产品比较原始粗放，旅游服务水平不高，缺乏带动效应；同时，缺乏长远规划，容易产生急功近利的短期行为。三是缺乏政府的规范管理，农户之间容易产生利益纠纷，市场秩序不稳定，影响到乡村社区的和谐。例如，杭州周边梅家坞乡村旅游基本以农户个体经营为主，由于缺乏相应的约束和管理机制，最终导致了“公地悲剧”。

第二章　乡村振兴战略综述

乡村振兴战略的提出是遵循现代化建设规律作出的战略部署，是走中国特色现代化道路的必然要求，是根据当前城乡发展特征作出的科学抉择。厘清乡村振兴战略的背景与内涵、内容与要求、推进路线以及发展历程和政策解读，有利于对乡村振兴战略，以及农村发展愿景展开进一步研究。

第一节　乡村振兴战略提出的背景与内涵

一、乡村振兴战略的背景

实施乡村振兴战略这一部署有着深刻的历史背景和现实依据，是从党和国家事业发展全局出发作出的一项重大战略决策。乡村振兴战略作为新时代“三农”工作的总抓手，是当前和今后一个时期乡村振兴规划编制工作的核心依据。

（一）我国“三农”发展取得的历史性成就

“三农”发展进程的良好态势是我国着眼经济社会发展全局，实现“两个一百年”奋斗目标，对“三农”工作进行全面部署和再动员的坚实基础。农村改革以来，特别是党的十八大以来，我国农业、农村发展取得了历史性成就，实现了历史性变革。农业生产能力大幅提升，肉、蛋、鱼、果、菜、茶产量稳居世界第一位，解决了十四亿人口的温饱问题；我国农业现代化水平取得了长足进步，农村民生显著改善，农村面貌焕然一新，社会更加和谐、繁荣。

（二）我国“三农”发展仍然任重而道远

“三农”作为国之根本，“三农”工作重中之重的地位依然没有变。随着我国农业、农村发展环境的变化，“三农”工作面临的挑战也与以往不同。我国“三农”面临着一些问题，农产品的生产过剩与供应短缺同时存在，农产品供应的质量有待提高；农民缺乏对社会生产力发展与市场竞争的适应能力，迫切需要加强对农民素质的培养；农村的基础设施建设投入、民生投入等方面存在着债务，农村的环境、生态问题依然严重，农村的总体发展水平需要进一步提高；农村金融体制的改革也是一项艰巨的任务。当前，我国农村基层党建工作还存在薄弱环节，农村基层组织的治理体系、治理能力有待提高。乡村振兴战略正是基于上述问题而提出的，它为“三农”发展指明了方向。

（三）我国“三农”发展迎来历史性节点

党的十八大以来，中央坚持把农业、农村、农民问题置于关系国计民生的战略高度和核心地位，统筹工农城乡，着力强农、惠农，系统分析新时代我国社会主要矛盾转化在农业领域、农村地区和农民群体中的具体体现。从经济社会发展趋势看，当前，我国经济发展模式已经由粗放型转向集约型，“绿水青山就是金山银山”的理念深入人心。产业重构、消费升级成为乡村振兴战略的市场支撑，城市农产品消费对安全、品质、特色的追求越来越凸显，为绿色生态农业的发展打开了市场空间。

工商资本向农业、农村流动的规模不断加大，农村创新创业蔚然成风。从“三农”视角来看，20 世纪 70 年代末，农村改革发端，历经 40 多年变迁，农村生产、生活、生态都发生了深刻变化。“三农”建设和发展迎来了最为有利的历史阶段，必须抓住机遇，科学谋划设计，以规划为引领，抓铁留痕，努力实现乡村振兴的美好蓝图。

二、乡村振兴战略的内涵

（一）准确把握乡村振兴战略和城市化战略的关系

实施乡村振兴战略，化解中国城乡发展失衡，不代表中国城镇化战略实施脚步会放慢，也不会用乡村振兴取代城镇化。应该是“以城带乡”“以城兴乡”“以工哺农”“以智助农”“城乡互动”，建设美丽乡村，实现乡村振兴。

中国乡村振兴战略的重点与任务既在乡村，又在乡村以外。要实现城乡人口的交互流动和优化配置，必须拓宽乡村振兴战略的视野，既重视乡村内部的建设发展和体制机制的创新，又重视乡村振兴外部环境的改善。①

① 吕风勇．乡村振兴战略的根本途径在于城乡融合[J]．中国国情国力，2018（6）：53–55.

（二）准确把握中国乡村形态及其变化趋势

随着中国工业化、城镇化、市场化进程的推进，部分农村大量劳动力向城市流动，导致农村人口结构失衡。从人群的聚集状态和居住模式来划分，大致可分为三种。第一种是城中村、镇中村、城郊村等已经或将要纳入城镇范围的村落，其居民居住与生产分开，其空间人群由村民和非村民组成。第二种是自 2005 年新农村建设以来，经过多个村落的“撤扩并”，逐渐形成了一个人口相对集中、生产生活分离、社区服务功能较为完善的中心村。第三种则是传统村落，其人口密度较低，村民的生产生活仍未分开。很明显，在乡村振兴过程中，不同的村落将呈现出不同的发展方向：一种是迅速地与城镇相融合，直接进入城镇化；其中一些可以发展为乡村社区服务中心，或者是一种新型的农村生态小镇；一些乡村大量劳动力向城市流动，导致人口结构失衡，会面临着“消失”的危险；而在实施乡村振兴战略的过程中，大批的村落会变成“产业兴旺、生态宜居、乡风文明、治理有效、生活富裕”的美好家园。

中国农村地区的空间分异及发展态势显示，中国农村居民在城镇化、工业化进程中逐渐由分散的自给型经济分布向相对集聚的市场型经济分布转变，其空间结构和空间布局也在不断变化。这一巨变的过程表明，农村的发展与振兴，既要求城镇化引导，又要求农村人口在空间上的相对聚集与最优分配，二者应当是同步的。同时，农村人口的空间结构和空间结构的变迁，也为“乡”与“村”的有机结合、优化配置、整合发展提供了一个创新的空间，从而为乡村振兴战略的实施创造了新的契机。根据中国各地区的具体情况，乡村振兴战略的推进，可以选择“村”作为主体，也可以选择“乡”作为主体来进行，即在具备条件的乡村地区，可以通过体制和机制的改革创新，探索以“乡”为龙头，以“乡”促“村”，“乡”“村”共治，共同发展的新农村治理格局，深化农村组织、干部管理、人口集聚、产业发展、公共服务、产权制度等方面的改革与优化，促进新型城镇化与乡村振兴的深入结合。总之，中国的乡村振兴和城镇化是互相依存的关系。在中国的乡村振兴过程中，农村必将是促进农村流动人口市民化的助推器，是农村生态城镇的新空间，是城乡居民对美好生活的向往和追求的宜居地。

第二节　乡村振兴战略的内容与要求

一、乡村振兴战略的内容

（一）坚持城乡均等发展理念，促进融合发展

实施乡村振兴战略，坚定不移地走城乡融合发展道路，需要把工业和农业、城市和乡村、城市居民和农村居民都融入全面建成小康社会和现代化建设的全局之中。明确“城乡一体化”是落实乡村振兴战略、推进农业农村现代化的重要举措。要进一步理顺工农城乡关系，按照产业兴旺、生态宜居、乡风文明、治理有效、生活富裕的总目标，构建完善城乡融合发展的体制和政策，将乡村产业发展、生态优化、文化传承、社会建设和组织建设相结合。要加快推进国家治理体系和治理能力现代化，在人员配置、要素配置、资金配置上优先保障，公共服务上优先安排，以此来弥补农业农村发展中的不足，缩小城乡之间的差距，使城乡平衡而充分地发展。

（二）完善农村基本经营制度，促进农民增收

将农户的承包经营权落实到具体的土地上，让他们的土地产权变得更加清晰，这样，他们的土地流转才会更安全，他们的利益也会变得更加清晰，他们会变得更有安全感。要巩固和健全乡村基本经营制度，就要继续推动农业经营体制的创新，使农村新型经营主体的数量持续增加，促进农业经营方式的“两个转变”（家庭经营向采用先进科技和生产手段的方向转变；统一经营向发展农户联合与合作，形成多元化、多层次、多形式经营服务体系的方向转变），也就是要通过运用现代科学技术和生产方法，加大技术、资金等生产要素的投入，把重点放在提升集约化程度上。从单一经营转向发展农民联合协作，形成多样化、多层次、多元化的管理和服务体系。目前，要加强集体组织的服务职能，大力培养新型的农民合作组织，大力发展各类农业社会化服务组织，推动龙头企业和农户形成紧密的利益联系。

（三）深化供给侧结构性改革，促进质量兴农

“绿色兴农”既是“质量兴农”的重要内容，也是“乡村生活”的重要内容。农业投入、资源要素等对农产品的质量有很大的影响，只有走农业绿色发展之路，

才能使乡村产业兴旺，构建生态宜居的乡村。要走质量兴农的道路，必须加速推动农业从“量”向“质”的转变，实现农业和乡村发展的动能转化。要满足人们对品质更高，更安全，更绿色，更环保的农产品的要求。要加快建立优质优价的机制，提升对优质绿色农产品的支持力度。推动农产品品质分级，以品质为核心，以品质塑造品牌，解决目前农产品市场中存在的信息不对称问题，推动农业标准化生产。要加速构建现代农业产业体系，推动农牧业循环发展，推动农村新产业、新业态的发展，推动农村第一、第二、第三产业融合发展，让高品质的绿色农产品的价格能够体现在产业链和价值链上。要把小农户与现代农业结合起来，以社会化服务、订单农业为手段，建立质量兴农制度。要进一步深化粮食储备制度改革，在保证国家粮食安全的前提下，更多地关注优质优价的机制，为绿色优质农产品提供更多的发展空间。加强科技创新，为高质量、绿色农产品的生产与流通提供科技支持；要想真正实现农业产业化，必须加强制度供给，并积极探索完善“质量兴农”的体制机制与政策。

（四）坚持人与自然和谐共生，促进绿色发展

农村可持续发展是建立在可持续利用的自然资源和良好生态环境基础上的。绿色发展可以保护好宜耕宜牧的土壤环境、宜饮宜灌的水体环境、宜呼宜吸的大气环境等，为农业的可持续发展提供源源不断的动力。要使农村绿色发展起来，必须把重点放在建设绿色农业的产业结构上。按照市场需要，推动农业结构调整，以科技为先导，推动农业转型升级，增加绿色优质农产品的供应，逐渐形成一种增收有效、环境效益高、可持续发展的产业结构体系。建设一个生态宜居的村庄，要加大对农村地区的突出环境问题的综合治理力度，结合山水林田湖草的系统治理，用绿色发展带动生态振兴。充分挖掘和创新农村传统绿色文化，构建农村绿色发展扶持制度和市场化、多元化的生态补偿机制。通过对社会公众的广泛宣传，使广大群众树立起绿色发展的观念，促使他们自觉地投身到绿色发展中来。加强执法队伍建设，为依法行政创造良好的法治环境。

（五）传承乡土文化，促进文化繁荣

乡村振兴离不开文化振兴，传承乡土文化就是留住华夏文明之魂。要深化对乡土文化价值的认识与理解，增强对传统乡土文化的认同感，让有形文化留得住、活态文化传下去，焕发新的魅力。要高度重视古村落保护，挖掘和展示其独有的文化内涵，在确保当地百姓的生活更加便利的同时，科学、合理地编制古村落保

护发展规划。对广袤农村孕育出的民间艺术、戏曲曲艺、手工技艺等非物质文化遗产，要将大力保护传承和开发利用有机结合，实现活态传承和经济发展双赢，让历史悠久的乡土文化在新时代焕发出新的魅力和风采。要科学引导乡村移风易俗，坚持用农民易于接受的形式进行宣传，让文明新风成为乡风主流。坚持把老百姓身边的好故事、好榜样讲出来、演出来、唱出来，让新风尚在广阔乡村生根发芽。

（六）健全创新乡村治理体系，促进乡村善治

乡村善治与否关系到乡村的和谐稳定和国家的长治久安。随着工业化、城镇化步伐加快以及乡村人口流动性的不断加大，部分乡村大量劳动力向城市流动，导致农村人口结构失衡，给乡村治理带来了新的挑战。

发挥乡贤领头羊、带头人、中介与桥梁的作用。加强基层自治组织体系的制度建设和乡村党组织建设，强化党在乡村社会中执政的组织基础，组织和调动相关道德权威人物的力量调解矛盾纠纷。鼓励乡村社会组织的发展，持续推进民主法治村、社的创建，通过发现典型、梳理经验，推动法治在基层落地生根、开花结果。创新村干部工作方式，不断增强其运用法治思维和法治方式开展工作的能力。积极发挥村规民约的区域性功能，引导村民在村规民约中体会法治的约束功能。加强对村民个体的教育与培养，注重对不良道德行为的惩戒，注重乡村道德人物的塑造与宣扬，发挥其道德标杆和道德引领的作用，并给予其必要、适当的物质奖励和精神鼓励。

（七）凝心聚力实现精准脱贫，促进减贫脱贫

精准脱贫攻坚和乡村振兴战略都是我国为实现“两个一百年”奋斗目标确定的国家战略。精准扶贫与乡村振兴战略相辅相成，共同推动实现“两个一百年”奋斗目标。一方面，必须走城乡融合发展，共同富裕，质量兴农，乡村绿色发展，乡村文化繁荣，乡村善治，共同构建中国特色的乡村振兴之路。另一方面，我国的乡村振兴战略计划要顺利实施，必须把所有的乡村都纳入其中，才能真正实现乡村振兴战略。要实现精准扶贫，就必须用乡村振兴战略的思路和措施。贫困地区的乡村要按照精准脱贫的要求，结合自己的实际情况，把乡村振兴战略的理念和原则，与具体的脱贫攻坚工作相融合，按照产业兴旺、生态宜居、乡风文明的要求，对贫困村庄进行精准扶贫。在实施产业扶贫、就业扶贫、易地搬迁扶贫、生态环境保护脱贫等过程中，不仅要兼顾当地实现短期脱贫的需求，还要对他们

的生计进行长期规划，采取环境友好型扶贫措施，营造乡村文化以提升脱贫的质量和可持续发展能力。对于各地区刚摆脱贫困的农村来说，农村产业发展的基础还很薄弱，基础设施和公共服务还存在差距，乡村治理体系和治理能力有待完善和提高，因此，在实施乡村振兴战略的过程中，要将产业发展基础夯实，改善基本公共服务，提升治理能力，巩固并拓展脱贫成果，防止返贫。

二、乡村振兴战略的总体要求

（一）乡村振兴战略总体要求的内容阐释

乡村振兴战略的20字发展方针，是乡村振兴战略的精髓。乡村振兴战略在党的十九大报告中提出之后，就成为我国现代化经济体系建设中的重要内容之一。作为推动乡村发展的重要驱动力，产业发展是乡村振兴战略中最基础的任务，同时也是最关键的任务之一。当前阶段，我国农村产业发展滞后，这一状况既显示出农村中农业问题的短板，也显示出农业后期发展的巨大潜力。在当前推动农业现代化的过程中，乡村振兴战略是一个至关重要的环节，它需要在农业供给侧结构性改革的基础上，促进农业结构的优化和农产品的质量的提升，真正让农业崛起。党的二十大报告提出要发展乡村特色产业，拓宽农民增收致富渠道。农村一、二、三产业的深度融合，既可以有效地推动产业链的延伸，又可以促进经济的发展，是促进农民就业，提高农民收入，维护农村稳定的重要举措。把农业发展放在乡村振兴战略的核心位置，具有重要的实践意义。

乡村振兴战略具体有五大要求。

1. 产业兴旺是实现乡村振兴的基石

一说起农业繁荣，有农村生活经历的人很容易就会想起过年时，家家都爱挂在墙上的“五谷丰登”“六畜兴旺”，这是农村生产的多元化。农业生产类型十分丰富，种类繁多，如种植业、养殖业等；这里有着丰富的农村手工艺，更有一些新兴的产业，如农村休闲旅游等都是在现代社会中逐渐形成的。农村产业的经营主体也是多元化的，既有以农民为主的行业，也有以合作社、农业企业和外来资本为主的行业。以农户为中心推动多元化的生产与管理活动同步进行是乡村产业兴旺的一个显著特点。

2. 生态宜居是提高乡村发展质量的保证

推进生态宜居的乡村发展是一个长期且持续的过程，并不能一蹴而就。生态文明建设作为支持现代化建设的重要组成部分，对农业、农村经济发展有重要影响。乡村振兴战略中生态宜居是在长期生态文明建设工作的基础上所提出的新标准。在农村，只有良好的生态环境才能为产业的发展提供坚实的基础，才能为农民群体提供更加宜居的生存环境，也才能为文化等产业的发展提供自然资源等发展基础。

3. 乡风文明是乡村建设的灵魂

乡风代表乡村的特质，旨在推进乡村精神文明建设，同时，我国农村地区传统文化很大程度上是乡土文化，需要社会各界共同努力来唤醒文明乡风。具体做法可以采取相关措施保护文明乡风，既包括所在村落的物质文明，也包括非物质文明，而文明乡风不仅表现了村民的精神状态，更代表了独特的乡村风貌；除此以外，还应当通过社会主义文化建设，弘扬现代主流思想，积极投身乡村振兴建设工作。

4. 治理有效是乡村善治的核心

首先，任何社会都需要法律法规和道德规范，乡村地区的治理情况相对落后，要实现乡村全面振兴离不开治理水平的提升。其次，乡村治理还应当注重效果，要注重政策、方针的贯彻与落实。最后，农民是农村的主体，还应当注重乡村自治，而乡村自治的过程同样也是协商的过程，在协商过程中应当注重公平、公正原则。乡村治理的目标是将乡村法治、乡村德治、乡村自治统一结合，从而形成“村村有村规，人人讲规矩”的乡村善治体系。只有这样才能实现生活富裕这一乡村振兴战略的根本目标。

5. 生活富裕是乡村振兴的目标

乡村振兴战略的实施效果要用农民生活富裕水平来评价。因此，要努力保持农民收入较快增长，持续降低农村居民的恩格尔系数，持续缩小城乡差距，朝着共同富裕目标稳定前进。

综上所述，乡村振兴战略的五大要求涵盖了乡村政治建设、乡村经济建设、乡村文化建设、乡村生态社会建设，贯穿了乡村振兴战略的始终，描绘出了乡村全面振兴之后的美丽图景，是整个乡村振兴战略的核心。

（二）乡村振兴战略五大要求间的相互关系

我国的农业问题、农村问题和农民问题三者并不是孤立的存在，而是互相联系的整体。要解决这些问题，需坚定三者协调、相互发展、共同进步的立场。当前的乡村振兴战略发展目标，应立足于全面推进农村发展，其五大要求紧密相连，乡村振兴战略的任一要求与其他要求相互关联、相互影响。

首先，产业兴旺是乡村振兴建设中最重要的要求之一，其成功实现与农业供给侧结构性改革息息相关。在乡村建设中，只有坚持绿色农业、生态农业，保证农业的可持续发展，才能合理配置土地资源，改善农村生态环境，从而实现农村产业的多元化发展，推动农村生态建设。在此基础之上，人民群众精神需求也会日益增加，进一步推进精神文明建设，构建文明乡风，从而实现农村物质文明建设和农村精神文明建设共同进步，为农村实现生活富裕奠定基础。

其次，生态宜居是乡村振兴总体要求中的重要内容，其成功实现离不开乡村居住环境的改善。农村环境保护和农村资源开发，两者均应当受到相关部门的高度关注，特别是在自然资源占主导地位的地区，更要重视对自然资源的合理利用，把乡村的优良资源优势转变成乡村建设的优势。发展生态农业，必须有一个好的生态环境，这也是开发乡村旅游资源的一种重要方式。

最后，乡村振兴五大要求涉及乡村政治、经济、文化、社会及生态环境的方方面面，对乡村的整体转型升级具有重要影响，在实施乡村振兴战略过程中要正确处理好五大要求的相互关系，共同致力于乡村全面振兴。

（三）乡村振兴战略总体要求与乡村旅游扶贫的关系

党的十九大报告提出“实施乡村振兴战略”这一新发展思想，党的二十大报告强调“全面推进乡村振兴”，既是对农村发展工作的深化，也是对今后乡村发展的总方向的明确指示。乡村振兴战略的提出与实施，为发展乡村旅游带来新的契机。“乡村旅游＋乡村扶贫”就是在有一定旅游资源、区位优势和市场基础的贫困地区，以旅游发展带动地方经济发展，为其提供可持续的经济推动力。

旅游业是“朝阳产业”，旅游业的发展是“脱贫攻坚”和“美丽中国”的有力支撑。自党的十八大以来，我国政府在2020年之前，通过发展旅游业，帮助9000多万贫困人口脱贫。旅游业，尤其是乡村旅游业，已经成为贫困地区实现增收最现实、最直接、最有效、最可持续的支柱产业。发展乡村旅游是脱贫攻坚的关键。

旅游扶贫是一种重点通过旅游项目的开发促进贫困地区生产、促进经济增长、帮助贫困居民快速致富的产业发展方式，可以借助当地资源、有效配置市场资源、节约成本，对当地生态环境也也进行了保护。因此，乡村旅游扶贫能够大幅提升当地经济发展水平，促进区域发展。

1. 乡村旅游对产业、生态、乡风方面的贡献更大

“产业兴旺、生态宜居、乡风文明、治理有效、生活富裕”的五项要求，对乡村旅游提出了更高的要求。产业的繁荣是基础，发展乡村的休闲旅游产业、丰富乡村旅游产品、把乡村旅游和休闲产业做大，对地方的经济发展和乡村生活的改善都有着很大的作用。

因而要大力发展乡村旅游经济，吸引更多的资本、技术及人才到乡村中去。在此基础上，保护当地生态环境，注重开发及保护并举，发展经济的同时做好乡村治理及乡村生态保护等各项工作。

2. 根据调查、分析以确定乡村旅游经济发展定位及发展目标

乡村想要借助旅游项目的开展实现脱贫，就应当注重做好发展定位工作，包括功能定位、发展方向、市场定位、目标客源定位等。通过发展定位来将农业旅游与乡村发展结合起来，通过对当地民风、民俗的调查及分析，进一步确定旅游扶贫的重点，之后，在政策的引导下鼓励更多农民返乡创业，充分利用当地资源，确定当地旅游经济发展方向，提升乡村扶贫效果。

3. 突出乡村旅游特色，做好主题策划

特色是乡村旅游的核心竞争优势，而主题则是乡村旅游的核心竞争力。要充分利用本地自然资源的发展状况，对周围区域的观光农业项目特征进行深入的剖析，利用差异化的农业生产和乡村文化资源来构建自己的旅游特色。要充分利用乡村地区深厚的历史底蕴、悠久的文化传统，以及地域性、知识性、文化性和传统性等。此外，要根据项目特色，积极进行更具创新意义的主题策划。

在此基础上，根据乡村振兴战略的五大要求进一步完善乡村旅游扶贫策略，开发出富有创意、生动的乡村旅游项目，借助更有意义的主题策划宣传当地文化、做好传承工作。

按照产业兴旺、生态宜居、乡风文明、治理有效、生活富裕的总要求，建立健全城乡融合发展体制机制和政策体系，加快推进农业、农村现代化。这一战略部署对农村经济的发展，以及生态的保护等各项工作开展具有重要意义。具体到实施过程中，更应当基于战略性的顶层设计，开展系列实践，促进农村转型、农民致富。

新的历史背景下，如何借助乡村旅游扶贫推进乡村振兴，值得相关研究人员进一步思考。

第三节　乡村振兴战略的推进路径

如何做好乡村振兴工作，做到有效推动农村发展，使农业有更高水平的发展，成为我们需要不断研究的问题。针对这些问题，2018 年我国发布了中央一号文件《关于实施乡村振兴战略的意见》，2018 年 9 月，中共中央、国务院引发了《乡村振兴战略规划（2018—2022 年）》，文件明确了乡村振兴的总体要求，指明了乡村振兴的目标任务，规范了乡村振兴的实施步骤，确定了乡村振兴的指导原则，推动了新时代乡村战略的实施。乡村振兴战略的有效实施需要在不断实践的过程中积累经验，发现问题，掌握规律，有的放矢，坚定不移地向我国乡村振兴的目标前进。本节主要从以下五个方面简析我国乡村振兴战略的推进路径。

一、始终坚持党对农村工作的领导，筑牢乡村振兴的政治保障

党的领导是中国特色社会主义的本质特征和根本保证。中华人民共和国成立 70 多年来乡村经历的深刻变革和长足发展离不开党的领导。实践证明，始终坚持和充分发挥党对农村工作的领导是促进农业农村优先发展、实现乡村振兴的内在规定和重要保障。面对新时代“三农”问题应继续“坚持党对农村工作的全面领导”[①]。

（一）要坚定不移地在乡村振兴进程中贯彻党的领导

各级党组织首先要不断提高自身的政治领导能力，在乡村振兴战略的推进中以实际行动贯彻落实党的领导，将党的领导思想深入具体工作中，充分发挥党的政治优势，积极团结各级党组织和全体人民，推动乡村振兴事业不断发展。

（二）要继承和创新党管农村的优良传统

在推进乡村振兴战略的过程中各级党组织和全体党员要有政治意识、大局意识、核心意识、看齐意识，明确乡村振兴的重要性，深刻领悟党在乡村振兴工作中的一系列指导意见及主张，进一步加强党管农村的优良传统，使各方面资源向农业、农村倾斜，加强乡村振兴的物质支撑，细化乡村振兴过程中的管理制度，为乡村振兴战略的推动提供保障。

---

① 本报评论员．切实将党对农村工作全面领导落到实处[N]. 农民日报，2019-09-11（1）.

（三）要完善党的农村工作领导体制机制

要坚持党在乡村振兴战略中的领导地位，确保党政一把手为第一责任人，同时要明确各级党组织及党员的工作分工，建立领导责任制。在乡村振兴战略实施的过程中要自上而下地做好管理工作，落实各级责任，党中央统筹规划乡村振兴的主要任务及目标，省级党委和政府负责本省的乡村振兴工作落实，市、县做好工作的落实，将细节工作落到实处，解决实际问题，各级相关部门也要做好协同配合，共同为乡村振兴工作领导体制机制提供保障。

（四）要发挥农村基层党组织的领导作用

在乡村振兴战略实施过程中要充分发挥基层党组织的作用。第一，要明确基层党组织的核心地位，基层党组织始终在乡村振兴工作的一线，应做好具体工作的落实，总结乡村振兴工作中的问题，充分发挥带头作用。第二，要提升基层党组织的工作能力，强化基层党组织的服务意识，抓好乡村振兴战略的落实。

二、全面深化农村改革，着力解决农业农村发展不平衡不充分问题

随着社会的发展水平不断提高，我国的经济文化也在飞速发展中，市场经济的不断完善促进了我国工业化、城镇化的进程，人们的生活水平也在随着经济发展而不断提升。但同时存在的是我国农业农村发展不平衡的问题，这也是乡村振兴战略推进的一大阻碍，是当下需要解决的一大问题。改革开放以来，我国坚持积极推进乡村振兴进程，解决农村发展问题，但是土地资源利用率低、征地补偿制度不完善、传统农业收益较低等问题依旧存在，这些问题制约了农村的生产和发展，使城镇与农村的差距日益增大。为了缩小城乡发展的差距，提升农业农村发展质量，加快农村经济的进一步提升，我们应坚持深化农村改革，一是要改革传统农业的生产销售模式，使农产品向品牌化方向发展。二是要深化农村土地制度改革。早在 1990 年 3 月，邓小平就指出：中国社会主义农业的改革和发展，从长远的观点看，要有两个飞跃。第一个飞跃，是废除人民公社，实行家庭联产承包为主的责任制。这是又一个很大的前进，要长期坚持不变。第二个飞跃，是适应科学种田和生产社会化的需要，发展适度规模经营，发展集体经济。这是又一个很大的前进，当然这是很长的过程。① 首先要坚持土地集体所有制。其次要

① 中共中央文献研究室. 邓小平思想年编（一九七五—一九七七）[M]. 北京：中央文献出版社，2011.

结合当前状况，建立有效的土地流转机制，扩大土地流转市场，使土地得到有效的使用和配置，满足农业农村发展需要。不但要稳定农户的土地承包权，同时还要合理使用土地经营权，也就是要吸引资金，盘活土地资源，鼓励城市资本下乡和农村青年返乡创业，大力发展现代农业，并带动当地农户的生产发展。最后要发挥农村集体经济优势，整合乡村地区的各方资源并进行合理分配，根据各地区的自身状况探索适合本地区发展的经济发展模式，结合当地特色资源和优势大力发展壮大农村集体经济，推动乡村振兴战略的全面实施。

三、坚持以人民为中心的发展思想，实现城乡融合发展

城乡发展不平衡是我国乡村振兴战略进程中不可回避的问题，因此要想大力推进乡村振兴，首先应解决城乡发展不平衡的问题，缩小城镇与乡村之间的差距，实现城乡居民共同富裕。解决城乡发展不平衡的问题，首先，要建立新型城乡关系，以城市发展带动乡村发展，让城市资源向乡村倾斜。改革传统农业农村结构，实现乡村的信息化、现代化、城镇化发展，结合现代信息技术和工业技术，推动农业现代化发展，加强农业产业链的建设，鼓励城市良好资源深入农村。其次，要注重提升乡村配套设施建设和公共服务水平。大部分乡村依然面临着医疗、教育水平落后的问题，这也是乡村发展的阻碍，只有进一步提高乡村居民生活水平，改善乡村生活条件，才能大力发展乡村产业。一方面需要国家的支持与合理规划，另一方面需要城镇资本的参与，积极参加乡村基础设施的投资与建设，实现城乡均衡发展。只有不断完善乡村居民生活和生产所需要的基础设施，以交通、物流、通信、医疗、教育等方面为中心推动公共服务向乡村延伸，才能真正惠及广大乡村群众的实际生活，提高乡村居民生活幸福指数，使他们对美好生活有更高的期许。

四、健全“三治结合”的乡村治理体系，推动乡村治理体系和治理能力现代化

“三治结合”指的是自治、法治、德治三者结合，共同指导我国乡村振兴的治理，这是党的十九大提出的举措，符合我国乡村的发展现状，能有效解决乡村治理的问题，是我国乡村振兴工作的重要依托。建立健全“三治结合”乡村治理体系，要从自治、法治、德治三个方面入手，多措并举推动乡村治理现代化。一是要加强乡村自治，充分发挥民众在乡村治理中的作用，让民众参与到乡村治理中来，从民众本身出发来制定相关制度，解决实际问题。通过村民代表大会等方

式，进行议事活动，积极听取民众的意见，发挥民众的主体作用，增强民众的乡村治理参与度和主人翁意识，实现从内到外的治理。二是要加强乡村法治建设，做好普法工作，建立健全相关法律制度。俗话说没有规矩不成方圆，要想大力推动乡村振兴，就要从根本制度上做好保障，不仅要提升基层干部的法律素养，也要让广大人民群众知法懂法、遵纪守法，加快解决农村现存的法律问题，为乡村振兴工作的开展打好环境基础，让乡村振兴战略的推进能够在一个和谐的氛围下有效进行。三是要提升乡村居民的道德水平，形成良好的社会风气，大力发展乡村地区的精神文明建设，坚持社会主义核心价值观的引导，实现乡村地区文明、和谐、友好的发展。

五、加大农村人力资本投入，加快新型职业农民队伍建设

乡村振兴工作的开展离不开农民队伍，农村的发展要依托广大农村群众的力量，加大农村人力资本投入，培养新时代农民队伍可以使乡村振兴工作更有效、快速开展。首先，要注重培养农民的思想意识，从思想上重视农业发展，爱农业，这样才能有效发挥农民的主观能动性，使农民积极地参与到乡村振兴中来，提升农民队伍对自身工作的认同感，让农民对家乡有归属感，为加入我国乡村振兴发展事业而自豪。其次，要对农民进行技术培训。现代农业离不开科学技术的支持，信息化、工业化、自动化都是农业发展的必然方向，因此科学技术的学习对于农民队伍的培养非常重要，掌握基础技术有利于农业生产的开展，要加大农村教育力度，提升对农民的技能培训水平。最后，要在掌握基础技能之后重视农民经营能力的培养。在市场经济大力发展的今天，促进农业产品市场化和品牌化是发展农业的重要举措，因此应鼓励农民进行市场经营活动，学习市场经营理论和相关管理经验，培养农民的经营意识，提升农民的经营能力。

第四节 中国农业农村发展历程及政策解读

我国人口众多、疆域辽阔，自古以来就是农业大国，可以说农业是我国人民生活和社会发展的基石。随着改革开放的不断深入，社会的发展也逐渐加快，农业的发展应跟随时代的变化而做出调整。因此我们应回顾历史，总结经验，并在过往经验的基础上结合时代背景和社会现状及时做出政策上的调整，使农业农村发展迸发出新的生机与活力。

一、乡村社会改良阶段（1911—1948 年）

（一）乡村社会改良阶段的发展概况

传统乡村社会的发展具有显著“内生性”特点，即以乡村自治和自我组织为特点，依赖于乡村士绅的个人或团体能力以及广大乡村地区的农耕文化惯性，推动乡村建设。作为帝制时代国家政权的基层个体、国家各个阶层和基层村民联系的纽带，乡村士绅（乡贤）既是乡村规划、建设和管理工作的组织者、参与者，也是乡村水利设施、道路设施等基础设施建设的实施者和受益者。然而，在生产力极不发达的帝制时代，天灾人祸导致乡村地区极度贫困。在此背景下，国家常常借助乡村士绅（乡贤）与村民的血缘关系和影响力，通过小范围改善乡村基础设施、发展自给自足的生产建设，维持相对稳定的乡村社会秩序。

1911 年，辛亥革命爆发，推翻了统治中国两千多年的君主专制制度，建立中国历史上第一个资产阶级共和政府。随后，中国进入了共和时代，传统的乡村社会出现动荡衰败，乡村士绅（乡贤）也随之逃离乡村，进入工商业较为发达的城镇。[①] 由此，传统意义上由乡村士绅（乡贤）主导的乡村建设或改良受到影响。同时，受地方军阀、土豪劣绅、外国传教士等影响，在维护地方相对稳定和保障自身利益前提下，广大乡村进入近代民主自治的乡村社会改良阶段。

（二）乡村社会改良阶段的探索模式

20 世纪 30 年代，我国乡村建设进入高潮。以晏阳初、梁漱溟、卢作孚、黄炎培、陶行知、高践四等为代表的民国精英知识分子积极探索创新农业农村发展政策，掀起了乡村建设和改造热潮。其中，定县模式、邹平模式、北碚模式、徐公桥模式、无锡模式等对后世影响深远。

1. 定县模式

定县模式，即晏阳初和中华平民教育促进会的同人在定县（现为定州市）等地推行的系列乡村建设举措。该模式的倡导者和组织者均有海外留学背景，所需经费是美国的民间捐赠。该模式的核心在于，通过文艺、生计、卫生、公民四大教育，培育有文化的中国新农民。

---

① 李宁可．中国共产党对近代乡村社会运行系统的重构及其启示：从中国近代乡村社会的衰败与式微谈起[J]. 广西社会科学，2016（2）：140–149.

2. 邹平模式

邹平模式，即梁漱溟及山东乡村建设研究院的同人在邹平等地推行的系列乡村建设举措。其做法是通过兴建学校对广大农村居民进行伦理道德教育，并组织乡村自卫团体，维持社会治安。该模式的领导者大多没有海外教育背景，由于得到了“中华民国”政府的经费支持，对政府的依赖性较强。

3. 北碚模式

北碚模式，即卢作孚在重庆北碚等地推行的系列乡村建设举措。该模式最大的特点就是以实业为基础，兴建工厂、开办银行、发展贸易，同时开展教育、文化和环境的建设，实质上走的是一条实业救国的道路。这是中华人民共和国成立前较早进行的、效果较为明显的农村改造运动。

4. 徐公桥模式

徐公桥模式，即由黄炎培等人和中华职业教育社的同人推进的系列乡村建设举措。该模式重点通过成立徐公桥乡村改造会，制定了改造传统乡村的章程，并以此促进乡村的教育、医疗、卫生、环境等快速改善。

5. 无锡模式

无锡模式，即由高践四和江苏省教育学院的同人进行探索推行的系列乡村建设举措。该模式最大的特点是抓住了乡村建设的“内生性”特点，立足当地特色资源和历史传承，充分发挥农民的抱团意识和团队协作力量，通过农村团体的自主性来解决乡村的诸多实际问题。

二、农村合作化改造阶段（1949—1977 年）

（一）农村合作化改造阶段的发展概况

在中华人民共和国成立初期，我国面临着加快工业发展的重要任务，当时工业化、城市化发展是我国的首要战略目标，农业是发展的重要基石，因此农业农村的发展也十分重要。20 世纪 50 年代，国家以加强农村合作化的形式，进一步加快农业的发展，让农业为工业发展提供了坚实的保障。国家通过互助组、初级社、高级社将农民集合起来，整合现有资源，将人力、物力、财力合理分配并以合作化的形式进行充分利用。同时，将各行各业的人以及经验带到农业发展中，协同促进农业的发展，当时的农村人民公社是农村合作化的主要表现形式，对农业、农村的发展起到了极大的促进作用。互助组、初级社、高级社等合作化的形式，是政社合一的产物，适应我国当时社会的发展，为农业农村的发展提供了新思路。

（二）农村合作化改造阶段的主要政策

中华人民共和国成立初期我国主要以工业发展为主，尤其将重工业的发展放在了首位，同时大力加快城市的发展，以农业支持工业、农村支持城市为主要发展策略。农村主要以恢复生产为主，发展集体经济制度，以集体经济模式加快农业生产发展，为工业发展提供基础保障，集体经济是社会主义公有制经济不可分割的一部分，也是当时我国农村的重要经济制度和生产发展依据。集体经济与城市的全民所有制经济协调配合，分别促进了农村与城市的发展，丰富了我国公有制经济的内涵。

在农村合作化改造阶段我国在农业发展领域推行了四项重要政策来支持集体经济制度的实施，分别是土地制度改革、农业合作化运动、建立人民公社、统购统销和供销信用合作政策。这四项政策的实施横贯中华人民共和国成立至改革开放，贴合当下时代背景，是我国快速发展阶段的四项重要举措，对我国农业发展产生了深远的影响。

1．土地制度改革

封建统治阶段我国土地资源掌握在少数人手中，农民只能依靠劳动力换取少量物资，封建地主阶级的长期压迫给农民生活带来了极大的困难，在中华人民共和国成立之后，土地所有制的改革迫在眉睫。为了加快我国社会主义现代化建设，提高人们的生活水平，支持工业发展，恢复农业生产的任务也迫在眉睫。在解放区土地改革经验的指导下，我国于1950年6月出台了《中华人民共和国土地改革法》，两千多年的封建土地所有制宣告结束，农民都有了土地承包权，不再受地主阶级压迫，更好地投入农业生产中去。

2．农业合作化改造

在土地制度改革之后，农民逐渐恢复生产，小农经济随之产生，这一现象阻碍了农业现代化的发展。为了深化农业发展，加快农业现代化进程，我国结合当时生产生活状况，以社会主义建设总路线为依托的改革活动徐徐展开，这次改革主要以建立集体经济为目的，让人民群众为我国农业发展添砖加瓦。1953年末，土地制度改革基本完成，同时中共中央作出《关于发展农业生产合作社的决议》，这一决议是我国农业发展的又一里程碑，该决议充分阐述了农业生产合作社的优越性。凭借此前局部地区的实验和探索，结合相关经验，党中央大力号召农业生产合作社制度的推行，在农村地区，“土地入股、生产互助”的理念深入千家万户，并在短短两年的时间里实现了农业生产合作社数量的飞跃式上涨，四年的时间全国基本完成了农业合作化改造。

3. 建立人民公社

人民公社制度是集体经济的继续深化。随着农业合作化改造的进行，人民公社开始出现，与前期的农村合作社相比人民公社的规模更大，而且更具社会主义化、集体化特征，是农业合作社的进一步优化。1958 年 8 月，党中央正式出台《关于在农村建立人民公社问题的决议》，人民公社的制度开始被大规模推行，之后经过不断地实践和完善，人民公社模式也逐渐成熟，几乎全国的农户都加入了人民公社。1962 年 9 月出台了《农村人民公社工作条例（修正草案）》，按劳分配开始正式实行，这一集体经济模式与全民所有制经济构成了我国的社会主义公有制经济制度，是我国社会主义建设的必然产物。

4. 统购统销和供销信用合作

为了稳定社会秩序，解决粮食供求矛盾，促进生产发展，我国对粮油实行统购统销政策，并建立供销合作社和信用合作社。随着工业的发展，农业的支撑作用显得尤为重要，为了促进城市的发展，1953 年起我国在农村实行征购，并将征购物资在城市实行定量配给，这一政策的实行长达 32 年，为城市与农村，工业与农业的和谐发展做出了巨大贡献；1957 年为配合统购统销政策的实施，供销合作社基本建成，起到了促进工农产品交换的作用，为农村支持城市发展提供保障，加快工业化的进程；与供销合作社并行推进的还有农村信用合作社，旨在为农民解决生产生活中遇到的物资匮乏的问题，保障了人们的生活，是农业发展的一大基础。

三、农村市场经济体制形成阶段（1978—2001 年）

（一）农村市场经济体制形成阶段的发展概况

1978 年 12 月 18 日，党的十一届三中全会召开，我国翻开了改革开放和社会主义现代化建设的新篇章，也开始了农村市场经济体制改革进程。20 世纪 70 年代末，以家庭联产承包责任制等为主要内容的农村改革迅猛兴起，农业的经营形式由单一的集体经营变成统分结合的双层经营，农户的家庭经营成为农业生产的一个重要层次，由此解决了长期存在的农业劳动和经营激励问题①。从 20 世纪 80 年代初期开始直至中期，家庭联产承包责任制逐渐成熟，取代了原有的人民公社形式，工农城乡关系得到了进一步的改善，农村商品和农产品逐渐向城镇大量流通，农村生产力得到了进一步的释放。随着制度的完善，农村改革再次深化，农民生活水平大幅提升，农村地区的医疗、教育、居住环境都在逐步改善，特别是 20 世纪 80 年代中后期，随着农村地区经济的发展和人们生活水平的提高，乡镇企业逐渐兴起，带动了农村地区收入水平的提升。

随着农村地区生产模式的改革，农村地区的经济水平稳步提升，生产力大幅度上升，在 1978 年至 1988 年之间，乡镇企业带动农村生产的模式逐渐成熟，做到了农业与工业的有效结合，为我国经济发展打下了基础。20 世纪 90 年代之后，我国工业化、城镇化进程加快，城市发展速度稳步提升，农业发展对我国经济发展的影响逐渐减小，农业收入在国民生产总值中的占比也在逐渐下降。

（二）农村市场经济体制形成阶段的主要政策

改革开放以来我国的社会主义现代化建设步伐日益加快，农业更是社会经济的重要组成部分，我国自古以来都是农业生产大国，农村的改革是我国改革开放的重要突破口，只有不断深化农业改革，持续推进农村生产建设，我国才能更好地开展社会主义现代化建设。实现社会主义现代化就要做好传统经济体制向市场经济的转型，在解放思想、实事求是思想路线的指导下，我国的工业水平得到了极大的提升，同时农业也要将发展市场经济作为核心，解放和发展生产力，逐步构建社会主义市场经济体制。

改革开放以来党和国家始终坚持大力发展农村市场经济体制，不断调整农村基层治理结构，从而适应不断变化的发展趋势，为深化农村改革采取了多项举措。2001 年我国正式加入世界贸易组织（WTO），自此我国获得了稳定有利的国际经贸环境，综合国力大幅提升，社会主义市场经济体制更加完善。

1. 确立家庭联产承包责任制度

家庭联产承包责任制是我国农村的一项基本经济制度，它是我国农村土地制度发展的一个重要转折。家庭联产承包责任制以安徽凤阳小岗村作为试点先行实施，之后逐渐影响到周边农村地区。党的十一届三中全会后，全国多地开始学习这种承包制度，以各自地区条件为基础，探索包产到户的新模式。随着家庭联产承包责任制的施行，农户在农业生产和经营上有了更多的自主权，农民开始在原

① 蔡昉．中国改革成功经验的逻辑[J]．中国社会科学，2018（1）：29—44．

有的农业生产基础上积极发展副业，为农村经济市场化打下基础。随着家庭联产承包责任制的影响逐渐广泛，党和国家也在制度上做了更加完善的指导和规范，1983 年 10 月，中共中央、国务院颁发了《关于实施政社分开建立乡政府的通知》，使家庭联产承包责任制得到了进一步的巩固和深入，实现了这一制度更深层次、更广泛的践行，也标志着人民公社制度的结束。家庭联产承包责任制对我国农业的长期发展产生了深远的影响，党的十五届三中全会和党的十九大均提出农村土地承包到期后再延长 30 年，使我国农业的发展环境更加稳定，同时也肯定了家庭联产承包责任制这一政策的重要性和必要性。

2. 农产品流通体制改革

在我国工业化建设初期，生产资料紧张，对农产品施行统购统销制度，在这一制度下，我国的农业生产迅速恢复，工业化、城镇化进程也逐渐加快，社会主义市场经济体制开始建立。为顺应时代发展的脚步，解决农村和城市的供求矛盾，党的十一届三中全会提出恢复农产品集市贸易，这一举措既解决了农村地区的农产品积压问题，又使城市地区的农产品需求得到了满足，实现了农村与城市的协同发展，促进了农村市场经济体制的形成。1979 年至 1984 年期间，我国统购统销的农副产品比重逐渐下降，农民的经营活动逐渐丰富。1984 年开始取消农副产品统购统销制度，大力发展农村地区的商品经济，鼓励农民进行多样化的农村商品贸易。20 世纪 90 年代，我国的农产品市场网络体系逐渐形成，促进了农村地区的商品贸易活动，提高了农民的收入水平。

3. 鼓励发展乡镇企业

随着农产品商品化程度的加深，农业生产效率大幅度提高，农村市场经济体制随之形成，农村地区的经营方式更加丰富且初具规模，表现在乡镇企业的出现和快速发展。乡镇企业是农村的生产生活模式向市场化转型的体现，在劳动力得到解放的时期，充分利用了剩余劳动力，同时还增加了农村地区居民的收入。乡镇企业自改革开放初期开始出现，当时人们开始将目光放在日常农作物生产以外的产业，第一批乡镇企业以社队企业的形式出现。1984 年国务院发布《关于开创社队企业新局面的报告》（中央四号文件），对社队企业的发展做出了规范和指导，并将其称为乡镇企业，在国家政策的支持下乡镇企业模式的开展如火如荼，各种所有制企业在乡村地区如雨后春笋般涌现出来，经营行业也十分广泛。这种势头在 20 世纪 90 年代中期随着全国经济产业的调整而逐渐衰退。

4. 乡村治理结构改革

农村市场经济体制的变革不仅体现在各种经营制度、贸易制度的变革上，还体现在对乡村基层治理结构的变革上。改革开放后，乡镇治理结构改革主要是在20世纪80年代中期。1983年开始实施政社分开，全面建立乡政府。1986年我国发布《关于加强农村基层政权建设工作的通知》，从政治、经济两个领域，村、乡、县三个层级，系统地提出了完善乡镇政权建设的思路[①]。村级主要以村民委员会的方式实现自治，党和国家在农村基层治理的改革中，充分给予了村民在本村事务中的自主权，并立法支持。

四、统筹城乡发展阶段（2002—2016年）

（一）统筹城乡发展阶段的发展概况

2005年10月，党的十六届五中全会提出建设社会主义新农村的重大历史任务，提出“生产发展、生活宽裕、乡风文明、村容整洁、管理民主”[②]的具体要求。2006年1月1日，《中华人民共和国农业税条例》正式废止，标志着中国农民彻底告别了缴纳农业税的历史。我国以新农村建设为目标，正式进入工业反哺农业、城市支持农村、财政补贴农民的新时期。2007年10月，党的十七大报告提出，“统筹城乡发展，推进社会主义新农村建设”[③]，把农村建设纳入国家建设的全局。2008年，党的十七届三中全会指出，形成城乡经济社会发展一体化新格局，必须扩大公共财政覆盖农村范围，发展农村公共事业，使广大农民学有所教、劳有所得、病有所医、老有所养、住有所居，并提出了城乡一体化建设的八大具体措施。2012年11月，党的十八大对推动城乡发展一体化作出了重要部署，明确指出要加快发展现代农业，着力促进农民增收，坚持和完善农村基本经营制度，加快完善城乡发展一体化体制机制。2013年，党的十八届三中全会提出“形成以工促农、以城带乡、工农互惠、城乡一体的新型工农城乡关系”[④]。这一时期，随着国家城

---

① 赵树凯．关于乡镇改革历史进程的考察[J]. 经济研究参考，2008（32）：44-47.

② 于法稳．实施乡村振兴战略的几点思考[J/OL]. 国家治理，2018,3:3-4.[2023-09-11]. http://theory.people.com.cn/n1/2018/0201/c40531-29799727.html.

③ 中央政府门户网站．城乡经济社会发展一体化给农村带来发展新机会[EB/OL].（2007-11-18）[2023-09-11].https://www.gov.cn/jrzg/2007-11/18/content_808821.htm.

④ 中央政府门户网站．习近平：健全城乡发展一体化体制机制 让广大农民共享改革发展成果[EB/OL].（2015-05-01）[2023-09-11].https://www.gov.cn/xinwen/2015-05/01/content_2856122.htm.

镇化进程的加快，撤村并点，农民进城成为市民的速度也开始加快。

与此同时，从 2004 年开始，中央连续发布了 14 个以“三农”为主题的中央一号文件，表明国家对“三农”问题高度关注，在“三农”领域的财政投入和政策倾斜也不断加大。这一阶段，政府稳步推进土地制度改革，完善乡村公共服务体系，提出“美丽乡村”的建设目标，乡村居民的生活环境得到明显改善。同时，在推动城乡统筹发展方面，城乡一体化建设有了较为具体的发展目标和发展方向，党的多项“三农”工作也全面向城乡一体化建设的目标展开。在实践中，中央统筹城乡和城乡一体化政策的实施取得显著效果，城市高速发展，农民得到的实惠增多，“三农”问题有所缓解，农村产业基础愈加夯实，公共服务水平显著提升，生态环境逐步改善，发展潜力得到释放。党的十八大以来，习近平总书记始终把“三农”问题放在强国建设、民族复兴的重要战略位置，形成了系统全面、逻辑严密、内涵丰富、内在统一的科学理论体系，为做好“三农”工作提供了理论指引和行动指南。

（二）统筹城乡发展阶段的主要政策

21 世纪，对于农村发展，党和国家始终秉持着“少取、多予、放活”的基本原则，不断在政策上给予农村发展各方面的支持，加大惠民政策力度，加大农村地区财政投入，针对农村地区的医疗、教育、就业等问题实施了一系列的保障政策，全面统筹城乡协调发展。

1. 调整完善强农、惠农政策体系

21 世纪以来，党和国家进行了一系列的制度改革，逐渐加大对农村地区的扶持力度。首先取消了农业税，减轻了农村地区的税收负担；同时对农业生产的必要设施设备等加大了补贴力度，并进一步增加了农业发展方面的财政投入，对于产粮大县给予奖励，对于农产品实行临时储存的政策，保障了农民的生产生活。强农、惠农政策不仅涵盖了农民的基本生产物资补贴和支出的减免，还将重点放在了降低农民生产风险上。党和国家设立了一系列的专项基金，制定相应的保险制度，旨在降低农业生产风险、增加农民收入、增强农业生产的稳定性，保护农民的权益。在发展农业的同时党和国家始终秉持着可持续发展的理念，注重生态环境的保护，强调人与自然的和谐发展。为实现城乡统筹发展，缩小城乡居民的生活水平差距，国家在医疗、养老、教育等制度的完善上进行了深层次的优化和改革，极大提高了农村地区居民的生活水平。

2. 促进农民合作经济组织发展

随着农村市场经济体制的形成，农产品的生产链条逐渐扩大。为保护初级生产者的经济利益，解决初级产品占比较小的问题，国家进行了新的探索。1991 年，党的十三届八中全会决定，要积极支持农业专业协会、专业合作社和农户自办联办的各种服务组织等。在政策的支持下，各地区结合本地区特点，开展了各种合作形式的探索，在实践中农民合作经济组织的重要性和必要性日益凸显，国家也针对这一问题进行了立法规范。2007 年 7 月，《中华人民共和国农民专业合作社法》的实施，给予了农民合作社一个正式合法的地位。农民合作经济组织发展初期多是由农民自发组成的，在资金、技术、管理等方面都有着较大的提升空间，农民合作经济组织的发展有待进一步完善。

3. 重构农村金融体系

20 世纪 90 年代中期以前，农村信用合作社是我国农村的主要金融组织，随着农村经济体制的变革，农村金融体系也需要做出一定程度的变革。为了缩小城乡发展差距，使农村金融体系向城市金融体系看齐，统筹城乡发展，1996 年我国开始将农村信用合作社向农民自愿入股、社员民主管理的合作性金融组织转型。在之后的发展中，农村信用合作社实现了多方面的现代化，不论是从产权制度还是管理制度方面都做出了相应的改革。党的十六大以来，农村的金融机构类别逐渐增多，农村金融体系逐渐丰富起来，这一现象不仅有利于农村金融机构的良性竞争和发展，还提高了农村金融机构的经营效益，使农村金融改革进一步深入。部分地区还开始实行农户小额信用贷款制度，通过实践进一步缩小城乡发展差距。

4. 完善农民工相关政策

随着农村地区的生产效率提高和工业化、城镇化进程的加快，农村劳动力得到了解放的同时，出现了就业转移的现象，农民工群体日益庞大，农民工的权益保障和就业、生活等成为统筹城乡发展方向需要重点关注的新问题。党和国家始终高度重视解决农民工的就业问题，不断通过各项政策和举措提高农民工在城镇地区的就业能力，加大农民工的培训力度，使农民工能够掌握技术、扩大就业范围。同时党和国家还始终关注改善农民工的就业环境，加大拖欠农民工工资的惩罚力度，并通过一系列强制措施保障农民工的合法权益不受侵害；建立健全农民工就业服务体系，改善农民工子女的教育状况，强化农民工医疗保障。国家还大力倡导农民工返乡创业，提供相关的创业指导。

五、乡村振兴战略实施阶段（2017 年至今）

（一）乡村振兴被提升到战略高度并写入党章

乡村振兴战略是党基于我国城乡关系变化特征提出的一项重要举措。这一战略的提出为新时代农业农村改革发展指明了方向、明确了重点。乡村振兴战略以农业农村优先发展为基本原则，着力于优化农村产业模式，使农业焕发新的生机，吸引更多的人从事农业，逐步改善农村环境，实现乡村振兴。

2018 年党和国家通过中央一号文件明确了乡村振兴的重大意义和总体要求，随后国务院印发了《乡村振兴战略规划（2018—2022 年）》，对乡村振兴的要求做了进一步的细化，从多个方面对新时代乡村建设做出了具体的指导，要求加强农业现代化建设，保护农村生态环境，完善农业发展政策体系，加快城乡融合发展，加强农村文化建设，提升农村居民生活水平，多方位构建乡村振兴格局。

2019 年的中央一号文件强调继续坚持农业农村优先发展总方针，抓重点、补短板、强基础，进一步提出了重要农产品保障、数字乡村两大战略，深入推进优质粮食、农产品质量安全保障等八个工程，大豆振兴、农村义务教育学生营养改善等五个计划，奶业振兴、农业关键核心技术攻关等九个行动，美丽宜居村庄和最美庭院创建、群众性精神文明创建两大活动。全面推进乡村振兴的政策举措正在神州大地上加快落实。

（二）继续聚焦“三农”问题

当今社会是一个时时刻刻都在变化的社会，发展的日新月异促使我们要不断调整步伐。现阶段我们要对农业和农村结构有全新的认识，农业工业化、农民收入非农化以及农村老龄化已经成为乡村振兴道路上的新的问题，这些问题对我国农业的发展提出了新的挑战。

农业工业化是现代社会科技发展的产物，在现阶段的农业生产中，工业化技术的运用随处可见，这些技术大幅度提高了农业生产的效率，解放了农村地区的劳动力，提升了农业收入水平。但是随着化肥、农药、抗生素等化学用品的大规模使用和现代农业机械的大规模投入，生态环境的负担也在增加，造成了水、土地、空气的污染及物种多样性降低等生态问题。因此在发展农业的过程中要注重生态平衡的保护，不应该以牺牲自然资源、破坏环境资源为代价发展农业，要将眼光放长远，进行可持续发展。

农民收入非农化问题是指农业经营收入在农民总收入中的占比在逐年下降，

自然条件和制度限制了我国农业的规模化，农民无法通过大规模的种植来获得可观的收入，外出打工依旧是农民增加收入的主要选择。我国长期以来始终在大力推动土地流转，但是土地细碎化的根本问题并没有得到解决。

如何有效解决农村老人的养老问题，是我国农村地区发展的重点问题。农村地区的一部分年轻人倾向于在城镇发展，但是老人由于受到文化、经济因素的影响，很难融入城镇生活，更多的农村老人选择留在农村养老。因此，扩大养老金和养老设施的覆盖，制定和完善养老政策才能解决农村老人养老问题。

第三章　乡村振兴战略的规划指标

“三农”问题是党和国家始终高度关注的问题，是全党工作的重中之重，党中央一直将解决“三农”问题放在国计民生问题的首要位置。党的十九大报告在提出乡村振兴战略的同时也明确了乡村振兴的总要求，即“产业兴旺、生态宜居、乡风文明、治理有效、生活富裕”，并在2018年印发的《乡村振兴战略规划(2018—2022年)》中对以上要求做出了细化，强调了以上五个要求在乡村振兴战略实施过程中的指导地位。

第一节　乡村振兴战略的重点——产业兴旺

党的十九大报告把产业兴旺放在实施乡村振兴战略总要求的第一位，表明了产业兴旺在乡村振兴战略中的地位。无论是从党中央、政府的战略举措来看，还是从学者的理解来看，产业兴旺作为乡村振兴战略首要任务的地位、作为乡村振兴的基础和保障性地位，基本达成了一致。

一、产业兴旺概述

（一）产业兴旺的含义

我国当前的农业主要由两部分组成。一部分是关乎国家农业安全的农业生产，这一部分农业生产主要由国家调配，具有国有化、大规模的特征，如谷物类农作物的种植和生产，这类关系民生和国家农业安全的粮食作物，一般由国家进行投入和保障工作；另一部分是与乡村紧密联系的农业，这一部分农业主要是指在满足国家农业安全以外，农村地区人们为了满足自身的生活需要和增加自身收入，依靠自然环境进行的自主农业生产活动。乡村产业兴旺不等同于农业现代化，产业兴旺要求的提出不只是为了加快乡村产业经济增长和提高农业生产收入在国民生产总值中的占比，还有其更深层次的内涵。

（二）产业兴旺的特征

产业兴旺是乡村多元经济相互渗透、融合、发展的一种状态。具体来说，乡村振兴的产业兴旺具有以下三个特征。

1. 产业构成具有多样性

产业兴旺的前提是产业构成的多样性。乡村产业兴旺并非指单一产业的兴旺，更不是简单的乡村居民收入增多或农产品的产量增加，如果只增产不增收或者农村居民收入并非来自农业，也就谈不上乡村产业兴旺。乡村产业兴旺是指乡村产业发展得欣欣向荣，是农业在当今社会发展中所迸发出的新的生机与活力，是与乡村常见的“五谷丰登”“六畜兴旺”的楹联相呼应的一种生机勃勃的景象，是多种产业竞相发展、相互促进、彼此协调的结果。因此乡村产业兴旺的前提不可能是某一产业一家独大，而应该是多种产业百花齐放，各产业之间此消彼长，形成一种良性竞争、共同进步的态势。农民生活需求多样化是乡村产业多样化的根本原因，由于农民的生活需要各种各样的生产作为补给，衣食住行的各个方面会产生多种多样的需求，不仅有基本的粮食作物，还有肉蛋奶以及各种生活所需物品，而这些生活需求都可以通过乡村地区自给自足的生产方式来实现，这种生产方式促进了乡村产业的多样化。

乡村产业的多样化是产业兴旺的外在表现，产业多样化也有着许多有利之处。第一，产业构成的多样化有利于乡村地区资源的充分利用。“小而全”是乡村产业多样化的显著特征，这种见缝插针、精耕细作的生产方式，使得乡村地区的各种土地资源能够被充分利用，不会产生资源的浪费。第二，这种自给自足的生产模式，有利于生态环境的保护，并且满足低碳生产的要求。乡村生产基本可以满足农民的日常生活需要，降低了农民对外部市场的依赖，减少了不必要的市场消费活动，当地生产、当地消费还可以节省物流资源，减少运输过程中的能源损耗。第三，多产业之间可以实现有机循环，特别是种植与养殖的相互促进和生产资源与生活资源的协调利用，是乡村资源有机循环的重要内容。第四，随着生产技术的逐步提高，生产的专业化程度越来越高，生产的专业化会导致生产结构的单一，农业对于市场的依赖性增强，抗风险能力降低。产业构成的多样化可以分散风险，降低农民生产对市场的依赖性，防止因市场的突然变化带来损失。

产业兴旺是从农民的角度出发，从农业自身角度出发去追求的一种丰富、有生机的发展，在技术飞速发展的今天，农业的专业化程度不断加深，随之而来的问题是乡村产业过分依赖专业技术和市场，产业变得单一，不利于农业效用的最大化，因此我们应平衡好产业专业化和多样化之间的关系，丰富产业构成，实现可持续发展。

2. 产业内容具有综合性

产业内容的综合性是产业兴旺的重要体现。产业内容的综合性是指各产业之间的共同促进，以及产业要素的丰富性。每一个产业都不是独立存在的，而是和其他产业配合，互相渗透，各个产业之间的生产资源可以相互利用、协调发展。产业内容综合性在农业生产中主要表现为，种植业、养殖业之间的有机循环，例如，稻田养虾等生产模式，种植业为养殖业提供饲料，养殖业为种植业提供肥料，两种或多种产业之间配合生产，实现有机循环，在节约生产资源的同时，有利于生态的保护和农业的可持续发展。产业内容的综合性还体现在农业现代化中，当今社会农业不仅具有传统功能，还有一定的生态价值和社会文化价值，某些地区可以因地制宜，依托传统农业发展观光旅游、休闲度假等产业，使农业价值得到充分开发。产业内容的综合性还体现在农业资源的充分利用方面，农作物在加工过程中的产物，如粮食的渣、皮、糠以及作物秸秆等可以进行回收再利用，有利于产业链条的延伸和成本的节约。

产业兴旺不仅是指农业生产的兴旺，更是指农业文化的兴旺。我国在数千年历史文明的传承过程中，产生了多种多样的传统文化，作为农业大国，农业文化更是传统文化的重要载体，农村地区也是传统文化的重要发源地之一。农业文化是我国农民在劳作过程中所产生的，代表了中国人民的智慧，是一种尊重自然、有机循环的文化。农业文化是我国农村地区人民祖祖辈辈对于农耕技术的探索结晶，为现代农业技术的发展提供了坚实的基础。许多生产工序和原始生产器械，都能体现我国人民艰苦奋斗、善于钻研的特点。农业的现代化发展使农业具有更丰富的社会价值和文化内涵，我们应充分发掘农业的文化价值，将农业发展与文化建设、民风民俗相结合，大力宣传我国的农业文化。农业现代化发展不应局限于技术的提高和专业化的发展，更要注重结合当地乡村习俗、风土人情、生活方式发展乡村文化产业，实现真正的产业兴旺。

3. 产业要素具有整体性

乡村产业要素内容十分丰富，不仅有物质要素还有精神要素，各个要素之间并非彼此独立的而是相互渗透、互关互联的。乡村产业要素包括生态环境、地理环境、水土资源、物种资源、古村落古建筑、民风习俗、传统文化活动、传统生活生产活动等，这些要素之间都是互相依存的。从历史发展的角度来看，当地的自然环境造就了当地居民的生产生活习惯，从而产生了各种地域独有的风俗习惯；从物质存在的角度来看，农业、农村、农民是不可分割、缺一不可的。这些乡村产业要素形成了乡村特定的文化结构、社会结构，在发展农业和振兴乡村的道路上我们应将这种要素的整体性考虑进去，不能片面地重视某一要素的发展，而是要抓住各个要素之间的关联性，协调地去发展。在发展农业的道路上我国取得了显著的成绩，但是也有一些问题，如在鼓励农民外出打工，却忽视了农民对于农业发展的重要性，使农业发展受到了一定的限制；对于专业化的追求过于片面，破坏了农业生产的有机循环，使农业产业结构趋于单一化；将粮食增收作为农业发展的目标，忽略了手工业及农业文化的发展，阻碍了乡村产业文化的多样性发展等。造成这些问题的原因就是人为地割裂了农业产业的各个要素，没有将农业、农村、农民作为一个整体去考虑，使整体效益受到损害，不利于农业的长远发展。

乡村产业的整体发展要用立体的、长远的眼光去看待，在制定发展策略的过程中要充分考虑各个要素之间的关系，这样无论是在生产时间还是生产空间的利用上都能做到最优，使整体发展效益大于部分之和。传统乡村产业多是封闭性的，虽然具有一定的安全性和可控性，但是难以满足现代的生产需求，现代农业发展应摒弃这种思维，提高整体运行效率。

（三）产业兴旺的主体

农业新型经营主体包括承包大户、家庭农场、合作社、农业龙头企业等，这些农业新型经营主体在农业生产的不同环节有着不同的作用及优势。承包大户和家庭农场的作用领域主要是在初始生产阶段；合作社一般是一种自愿联合、民主管理的互助性经济组织，因此主要是在农业生产经营活动中提供一些服务；农业龙头企业则是在农产品加工和销售上有着一定的优势。农业新型经营主体多种多样，在不同的生产领域发挥着各自的作用，组成了整个农业生产链条。然而乡村产业兴旺的基本主体只能是农户。农民是农业的主要劳动力，千千万万的农户组成了农村，产生了农业，原始农业的发展都是靠农民的双手和智慧，而在当今社会，农户在社会稳定、粮食生产、乡村文化保护等方面都有着积极的促进作用。

因地制宜是农业的一大特点，农业大发展离不开当地的自然环境。农业生产者要对生产地的季节、气候特点、自然环境特点、地势地貌有充分的了解，同时农业生产者也要具备一定的生产经验和对农业生产的把控能力，还要有高度的责任感和不怕苦不怕难的精神，因此农户是最适合农业生产的组织形式，家庭经营模式是农业生产的基本经营模式。家庭经营模式的经营成本较低、生产风险具有一定的可控性，同时生产效益较高，经营方式具有长期稳定的特点。家庭经营是农业生产的最小单位。种养结合的生产模式是以家庭为单位实施的，种植业和养殖业之间的资源互助也是在家庭范围内进行的，一个家庭的生产资源和生活资源的循环是乡村生产与生活的循环基础。家庭经营是农业专业化的基本单位，各种农业专业户的出现是这一特点的具体表现，而将专业化落实到农户主体上，可以有效地解决专业化和多样性的平衡问题，从农户的角度完成专业化。许多专业化农户组成了乡村产业，这样乡村产业也就有了多样性，能够在发展现代农业的基础上满足乡村居民多样化的需求。家庭经营也存在一些问题，如农业生产者的老龄化、农业兼业化现象等，这些问题在一定程度上阻碍了农业技术的学习、推广、运用，影响了农民组织程度的提高。但是农户在乡村产业兴旺中的基本地位不能被否认，解决这些问题要以坚持农户经营制度为前提，农户经营制度是符合农业基本特点和规律的，这一点我们应充分肯定并在乡村振兴战略中继续坚持。

党中央强调，乡村振兴要重塑城乡关系，走城乡融合发展之路。只有高度融合意义上的城乡关系，才能实现城乡发展要素的双向流动，才能为农业规模化提供空间。经过土地制度改革，农民拥有了更多的可种植的土地，这是土地承包“三权”分置制度的结果。土地的流转让家庭经营模式的规模得以扩大，形成规模适度的家庭农场。家庭农场是我国现代化农业的基本经营单位，家庭农场相比于传统农户的规模较大，但是依然是以家庭劳动力为主进行农业生产活动，这种经营模式既保留了农户经营的优势，又解决了部分农户经营制度的问题。在现实的农业生产中，人们倾向于追求农业生产的规模化，认为规模化和专业化是现代农业的标志。然而规模化虽然是现代农业的发展趋势，但并非农业生产的理想结果，我国农业生产的规模化有两个因素。一是农业生产者中缺少年轻力量，农村地区的年轻人一部分会选择去大城市学习或工作，较少的年轻人愿意留在本土乡村发展农业。二是农业对于国家和社会的必要性，特别是我国作为人口大国，农业的发展不容忽视。基于以上两个原因，农业必须发展，但农业生产者在减少，农业生产的专业化就显得尤为重要，农业生产的规模化成为必然趋势。农业生产的规模化并不是简单的技术水平提升，还需要政府的支持和一定的社会条件。习近平总书记在中央全面深化改革委员会第五次会议讲话中指出，发展农业规模经营要与城镇化进程和农村劳动力转移规模相适应，与农业科技进步和生产手段改进程度相适应，与农业社会化服务水平提高相适应。忽视这些条件盲目地追求农业发展的规模化，既会伤害农户的利益，使农户承担农业生产的风险，也会伤害农业投资者的利益，阻碍农业投资的进行。因此，农业生产的规模化要适度，家庭农场是现阶段比较符合我国农业生产的基本规模单位，作为家庭农场最低限度的生产要满足家庭成员的生活需求，最高不应超过家庭全部劳动力的承受水平和经营能力。家庭农场的规模很难一概而论，这需要根据不同地区的不同经营内容做出适应性的调整，但是其共同特点都是以家庭劳动力为主要劳动力，因此家庭农场也有一些组织、销售、管理方面存在问题，例如，自然风险抵抗能力，市场风险应对能力和产品品牌的建设等问题，都需要进一步解决。为解决这一问题，我国农村地区出现了合作社的形式。通过合作社将农户、家庭农场、农业企业等生产经营主体联合起来，极大地提高了农业生产的效益，克服了当前农业生产的弊端，使各部分生产经营主体将自己的优势发挥到极致，为农业生产注入新的活力，实现乡村的产业兴旺。

二、产业兴旺的国家政策梳理

“三农”是关系国计民生的根本性问题。1982 年，中央出台了第一个一号文件——《全国农村工作会议纪要》。自此以后，国家对“三农”的政策力度有增无减。

国家农业政策经历了三个阶段的变化和演进：

第一个阶段（1982—2001 年），强调农业生产，围绕农业市场化、规模化、体系化建设，推行包括制度、要素投入等一系列改革。

第二个阶段（2002—2016 年），强调农业的经济和社会效应，要求农业发展在承担产业任务的同时，具备城乡统筹建设、资源调整、产业体系延伸等多种功能，建立起有保障、有质量、有产能、有效率、有格局的产业体系。

第三个阶段（2017 年至今），强调农业产业发展的综合力量，农业要有赋能的属性，能够在一切需要它发挥作用的地方展现应有的实力。农业不再作为一种特定产业体系而存在，而是超越了这种特定体系，成为全产业、全社会、全生态的体系。乡村产业不再局限于农业，而是充分发挥农业的力量，实现“农业 +”，成为衔接不同产业、不同格局的力量。

《中共中央国务院关于实施乡村振兴战略的意见》（2018 年中央一号文件）提出了乡村振兴战略的实施意见。乡村振兴，产业兴旺是重点。必须坚持质量兴农、绿色兴农，以农业供给侧结构性改革为主线。

按照党中央、国务院决策部署，国家发展和改革委员会 2018 年牵头编制《乡村振兴战略规划（2018—2022 年）》，按照程序上报党中央、国务院。2018 年 5

月 31 日，中共中央政治局召开会议审议。国家发展和改革委员会根据本次会议要求，对其进行修改完善，并报请印发实施。

《农业农村部财政部关于深入推进农村一、二、三产业融合发展开展产业兴村强县示范行动的通知》（农财发〔2018〕18 号）提出，全面贯彻落实党的十九大精神，以习近平新时代中国特色社会主义思想为引领，以实施乡村振兴战略为总抓手，以农业供给侧结构性改革为主线，以产业融合发展为路径，以乡土经济、乡村产业为核心，以农业产业强镇（含乡，下同）示范建设为载体，以资金资源统筹、投融资机制创新为动力，推动农业转型升级，推进产业全面振兴，带动农村全面进步、农民全面发展，走出一条中国特色社会主义乡村振兴道路。

三、产业兴旺的衡量标准

产业是否兴旺，没有绝对的标准。产业兴旺程度如何，一是要与过去比，看我国农业产业与过去相比是否取得了进步，是否实现了更大的发展。如果答案是肯定的，那产业兴旺的要求就达到了。二是要与其他国家尤其是发达国家比，如果通过努力和发展，与发达国家的差距越来越小甚至赶超了发达国家的水平，那么也是达到了产业兴旺的要求了。

（一）生产能力强

产业兴旺，农业生产能力是第一位的衡量指标。生产能力是农业生产发展和产业振兴的保证。长期以来，我国的农业生产能力受到诸多限制、未能充分展现其突出作用。这意味着我国的农业生产潜力大。实施乡村振兴战略就是要充分挖掘并发挥农业生产潜力，确保在农业生产形势比较严峻的情况下，依然能够保证国家的粮食安全、农业安全。

（二）单产水平高

我国一直强调稳住 18 亿亩（1 亩 ≈ 666.67 平方米）耕地红线不动摇，同时保证 15 亿亩的永久基本农田面积。我国的耕地面积有限，农业向工业提供资源保障任务重。袁隆平的杂交水稻技术，使水稻产量提高了 20%，仅增产的部分每年就可以解决 7000 万人的吃饭问题。玉米育种专家李登海培育的高产玉米种子在全国推广，实现玉米增产 1000 多亿千克，效益增加 1000 多亿元。所以，在耕地总面积有限的情况下，单产水平高，意味着粮食总产量高，意味着农业总产值高。

（三）产品质量好

俗话说“一分价钱一分货”。高品质的农产品市场竞争力肯定要比普通农产品强。随着人民群众对高品质生活的追求，农产品和农业加工产品的品质也成为人民群众消费选择时的重要参考。这就是这几年绿色食品、有机食品这么有市场的原因。这也提醒农户，实现产业兴旺来不得半点儿虚假，必须严格按照产品质量标准和要求进行生产，以品质赢得口碑，以品质赢得市场。

（四）生产效率高

以前之所以说农业生产辛苦，主要在于生产效率太低，主要依靠人力，辅之以畜力。一年到头，劳动力都要在田地里辛苦劳作，而收入却不够理想，随之而来的是农业的吸引力、凝聚力下降。要改变这种状况，必须提升农业生产效率，根本在于提高农业机械化水平。农业机械的应用能够极大地解放劳动力、提高劳动生产效率。随着经济水平的提升和科技的发展，农业机械化水平得到了极大提高，但在少数地形条件不理想、生产环境较为恶劣的地方，还仍然是以人力、畜力为主。这是在产业兴旺目标实现过程中需要着力解决的问题。

（五）生态保护好

绿水青山就是金山银山，任何时候、任何发展都不能以牺牲环境、破坏生态为代价。农村生态环境是农业产业高质量发展的保障，只有把生态环境保护好，农业发展才能可持续、才能优质高效。乡村振兴战略实施时，一定要保护好生态环境。因此，衡量产业兴旺、促进产业兴旺，一定要注重保护生态环境，为农业产业可持续发展、高质量发展提供保障。

四、产业兴旺的意义

农业是第一产业，是国民经济的基础；农业的发展状况，直接影响并决定着国民经济的发展状况，同时农业生产的安全还影响着国家的安定和安全。所以党中央在擘画乡村振兴图景的时候，把“产业兴旺”放在首位。没有产业兴旺，乡村振兴就无从谈起。产业兴旺是乡村振兴的根本，是实现农民增收、农业发展和农村繁荣的基础。

（一）产业兴旺是党的“三农”工作重点的直接体现

“三农”工作历来是党中央工作的重点和中心，历年中央发布中央一号文件规划安排“三农”工作，不断推动农业发展、农村振兴、农民致富。乡村振兴战略是中央在新时期做好“三农”工作的总抓手，其中，产业兴旺又是乡村振兴的关键。

产业兴旺事关国家建设和发展的全局，事关党的基本路线、方针政策的实施，事关新时期社会主要矛盾的解决，其中因发展差异导致的城乡差距需要重点关注。产业兴旺要求的提出，也是缩小、消除城乡差距的重大举措。民以食为天，产业兴旺是解决人民群众吃饭问题的保障。

（二）产业兴旺是乡村振兴战略实施的基础

乡村振兴战略共提出了五个方面的具体要求，其中产业兴旺是实现生态宜居、乡风文明、治理有效、生活富裕的基础。

产业兴旺目标的实现必然带动农村的振兴和发展。整治农村环境，村容村貌就必须有根本性的改观，才能够实现乡村振兴战略提出的生态宜居的农村建设目标。产业兴旺会带动农民注重农村生态环境建设，会更加重视生活品质的提升。产业兴旺目标达成的时候，到处都是绿水青山，发展与生态保护并举，更加注重人与自然和谐相处，注重生产与生态的协调，注重可持续发展。产业兴旺能够有力促进乡风文明建设。“仓廪实而知礼节，衣食足而知荣辱”，只有在最基本的生活需求得到满足的情况下，人们才会去追求更高层次的精神享受，实现精神上的升华。产业兴旺解决了吃饱穿暖的问题，是物质基础。乡风文明是温饱问题解决后更高层次建设的成果，是精神文明成果。

产业兴旺能够促进乡村秩序整治，实现有效治理的目标。“无事生非”，人们无所事事，天天闲逛、到处游荡就是乡村社会秩序不稳定的萌芽状态。当产业兴旺目标实现的时候，家家户户有项目，人人有活儿干，每个人都有自己的价值追求和生活目标，都在干事业，奔前程，乡村的社会秩序自然就稳定下来了。

产业兴旺能够直接推动生活富裕目标的实现。乡村振兴战略最终目标就是要实现“农民富”，产业兴旺必然实现农民生活富裕。

（三）产业兴旺是农民致富的有力保障

产业兴旺，农业发展，对于农民来说，是增产增收的希望，是过上富裕日子的奔头。对于农民来说，产业兴旺能够有效地解决农民最为关注的就业和收入的问题。之所以现在有越来越多的农村青壮年劳动力对农业生产兴趣不大，对农村生活不够热心，是因为从事农业生产收入不多，生活艰难，于是才有越来越多的年轻人走进城市，并逐渐融入城市生活。

但不容否认的是，农业以及农产品加工产业，是国家重点关注、重点谋划的产业，是具有广阔发展前景的产业。产业兴旺、农业发展，能够有效地增加农民的收入；农产品加工业发展，能够不断提升农业农村的吸引力，能够增加农民的收入。农业产业兴旺，能够极大地增强农业农村的吸引力，吸引农村外流人才返乡创业，在广阔农村建功立业，有所作为。

五、产业兴旺的实施路线

党的十九大报告要求，建立健全城乡融合发展体制机制和政策体系。产业兴旺是实现乡村振兴的核心。农村产业兴旺是农村可持续发展的内在要求。

初步归纳，关于乡村振兴战略的产业兴旺实施路线如下：

（一）编制乡村振兴战略规划、产业振兴专项规划和三年行动计划

各级党委、政府要加强组织领导，明确各级农业、工业和信息化、畜牧、林业等部门职责，加强协调互动，研究制订和分解落实乡村振兴战略规划与三年行动计划。各部门制订文化旅游、乡村文明、组织建设、人才建设、科技研发等专项规划，完善各级乡村振兴的环境政策和产业政策，为产业兴旺提供科学的决策依据。

（二）积极推动并探索乡村振兴的产业兴旺模式

我国农村过去强调农业生产发展，目标在于解决农民的温饱问题。党的十九大以来，农业必须从生产发展到产业兴旺，其主要目标是实现农业农村现代化。产业兴旺从过去单纯追求产量向追求质量转变，从粗放型向集约型经营转变，从不可持续发展向可持续发展转变，从低端供给向高端供给转变。

（三）采取问题导向，制定有序推进的步骤和策略

党的十九大将产业兴旺作为乡村振兴战略的核心。为解决我国农村产业发展的诸多问题，包括但不限于地方特色和核心优势不明显、产业布局同质化、产业结构单一、产业缺少竞争力、效益增长乏力等，必须加强调查研究，提高管理决策水平、创新振兴模式和思路、优化农业产业结构，补短板，降成本，打通农村产业发展的“最后一公里”。

（四）确定优势产业和培育家庭农场

根据各地区资源和优势，运用分析模型，确立产业组合和主导产业，明确产业发展的主要任务。积极探索农村产业模式和新业态，制订具体行动计划，推动农村第一、第二、第三产业融合发展。严守耕地红线，大规模推进高标准农田建设和农村土地综合整治，加强永久基本农田保护，建立健全耕地保护、补偿和激励机制，构建数量、质量、生态协调发展的耕地保护体系。运用物联网、大数据、云计算、人工智能等技术改造提升传统农业，发展智慧农业、设施农业、都市农业。大力培育家庭农场，鼓励有条件的种养大户、农村经纪人和投身现代农业的高校毕业生登记注册成立家庭农场，开展示范创建，打造特色农场、美丽农场和智慧农场。

（五）落实责任分工和重点任务

以推进供给侧结构性改革为主线，明确产业兴旺的路线和主要责任，分工落实到各部门、各行业和重点农业示范园等，与重点项目相结合，不断优化供给质量和提升效益，推动农业农村发展提质增效，实现农业增产、农村繁荣、农民增收。

（六）完善产业兴旺的要素配置和激励机制

重点是出台要素资源流动和优化配置的政策，制定出台财政、税收、金融和产业政策，发行产业扶持基金或乡村振兴战略基金，出台人才培育、科技研发激励政策，制定各级党委、政府与乡村振兴、产业兴旺挂钩的政策与考核细则。加大责任考核和加快业绩兑现，提升规划制订和产业落地的力度，推动产业兴旺目标的顺利实现。

六、产业兴旺的发展方针

（一）坚持因地制宜

产业兴旺要求农村产业的多样性发展，不仅要提高第一产业的发展水平，更要着眼于第二、第三产业的发展，使传统农业生产与精神文明建设相融合，促进农业配合旅游业的发展，使农业向信息化的方向迈进。强化第一、第二、第三产业的融合力度，将第一产业作为第二、第三产业的依托，为第二、第三产业的发展打下坚实的基础，同时第二、第三产业的进一步开拓，可以增强第一产业的稳定性。只有农村产业全方位、多角度地发展，才能进一步拓宽农业发展范围，开发农业文化价值，拉长农业产业链，实现真正的产业兴旺。

1.优化第一产业

农业关系到国计民生，是国民经济的基础。民以食为天，农业在任何时候、任何情况下都不能放松。然而，在调研中发现，在当前各地实施乡村振兴战略过程中，农业在部分地区被轻视了。虽然大家都在谈农旅结合，但实际上农讲得不多，旅讲得较多；在资金投向上，对农投得不多，对旅投得较多。轻视第一产业的倾向在有的地方较为明显，这并不符合产业兴旺的客观要求。农是本源，否则第一、第二、第三产业融合就成了无源之水、无本之木。因此，还是要坚持基础产业不能动摇，与此同时，不排斥农旅结合，而是积极鼓励利用农业的多功能性，充分发挥农业的生产、生活、生态功能，推进农旅结合，使第一、第二、第三产业融合发展。具体到工作中，要大力发展“农业 +”，农业适合与什么结合就与什么结合，但核心还是要进一步优化农业产业，突出农业产业发展的绿色化、优质化、特色化和品牌化。

2.因地制宜

一切从实际出发，千万不能照搬照抄，用一个模式去套。落实到某一个具体的乡村，则要坚持宜种（种植业）则种、宜养（养殖业）则养、宜林则林、宜旅则旅、宜工则工、宜商则商、宜运（物流业）则运，要根据各个乡村的实际情况来选择和培育产业发展方向。在这方面，浙江省已涌现出了许多典型案例，如安吉县黄杜村发展白茶产业、永康市下贵村发展养龟产业、余姚市横坎头村发展红色旅游、磐安县乌石村发展乡村旅游、临安区白牛村和缙云县北山村发展农村电商、象山县东门村发展美丽渔村等，都实现了强村富民的产业兴旺目标。这些乡村之所以能够取得成功，是因为做到了因地制宜，在发展壮大优势产业的基础上，积极培育新产业、新业态，构建新型乡村产业体系，加快推进“美丽资源”向“美丽经济”的转变，实现了产业兴旺、农村繁荣和农民增收。

（二）坚持规划先行

产业兴旺必须坚持以科学规划为先导。要根据乡村功能定位和实际情况，编制科学系统的产业发展规划，明确产业发展的基础条件、重点任务、阶段目标和行动方案，为乡村产业兴旺引路导航。当前，一些地方乡村产业发展带有较大的盲目性，往往市场上什么热门就发展什么，缺乏深入调查研究和论证，存在较大的隐患。

产业发展规划要坚持多规合一。乡村产业发展规划要与土地利用总体规划、生态环境保护规划、城乡建设规划、县（市、区）产业发展规划相融合、相衔接，不能各搞各的，更不能相互矛盾，否则政策难以真正落地。产业发展规划要与当地主导产业规划和乡村发展规划有机结合起来，增强产业发展规划的可行性和可操作性。

此外，产业发展规划编制好之后，要坚持一以贯之，一张蓝图绘到底。任何一个产业的发展都不可能一蹴而就，往往都有一个较长的培育期，千万不能急功近利，更不能半途而废或频繁变更。

（三）坚持群众主体

乡村产业兴旺的主体是群众，应让广大群众成为乡村产业兴旺的主体力量，而不是旁观者和跟随者，其本质是群众工作。产业兴旺最根本的动力来源于农民群众，乡村产业发展一定要发动群众、依靠群众，尊重群众意见，最大限度地发挥群众的主动性、积极性和创造性。乡村产业发展要积极吸引群众参与，而不能代替群众做决策，一个村到底搞什么产业，怎么搞，一定要注意走群众路线，依靠群众、相信群众，不能搞长官意志。一定要先做好群众工作，统一群众思想，鼓励群众广泛参与，充分调动起群众的积极性，通过群众的力量共同促进乡村产业兴旺。

（四）坚持改革创新

乡村产业兴旺要坚持改革创新，既要深化改革，也要创新体制机制，用改革创新的办法来激活市场、激活要素、激活主体，培育、激发和强化乡村产业兴旺新动能，重点要在土地承包制度、闲置农房和宅基地、社会化服务体系、财政与金融等方面取得更大突破。

1. 推进土地承包制度改革创新

受多种因素影响，目前个别地方农户承包地资源没有得到充分高效利用，有的被抛荒闲置，有的利用效率低。为此，要通过改革创新来盘活农户承包地资源，全面完成土地承包确权登记颁证工作，认真落实第二轮土地承包到期后再延长30年的政策，在此基础上积极鼓励和引导农户承包地依法有序流转。要进一步明晰集体所有权与农户承包权的关系，充分维护农村集体对承包地发包、调整、监督、收回等各项权能，保障其有效地履行承包地集体所有人职责，提高集体在农户承包地流转上的话语权。要积极推进土地承包经营权登记发证，推动土地承包“三权分置”制度真正落地。积极推进农村土地利用制度改革，充分利用国家相关政策，加大土地整治力度，通过对山垄田、冷水田进行整治，增加建设用地指标，经整治的连片土地还可以发包给新型经营主体来发展规模经营，提高土地利用率。

2. 推进闲置农房和宅基地改革创新

探索、完善农村宅基地所有权、资格权、使用权“三权分置”的有效实现形式。鼓励利用农村存量建设用地进行涉农项目建设，支持有条件的乡村通过盘活农村闲置房屋和集体建设用地发展休闲农业和第二、第三产业。在符合土地利用总体规划的前提下，调整优化村庄用地布局，有效利用农村零星分散存量建设用地。农村集体经济组织可以依法利用建设用地自办或以土地使用权入股、联营等方式，与其他单位或个人共同兴办住宿、餐饮、停车场等休闲旅游接待服务企业。充分盘活农村闲置农房和宅基地，通过适当的改造发展养老产业和精品民宿，吸引城里人来休闲度假或养老，发展康养产业。对那些撤并搬迁后的村庄原址，除保留一部分农业设施用房或开发民宿等乡村旅游用房外，可因地制宜地对农民原宅基地进行复垦，复垦土地取得的用地指标通过市场化出让取得的出让金主要用于乡村产业发展。

3. 推进社会化服务体系改革创新

加快推动农技推广由行政服务体制向社会化服务体制转变，深化“三位一体”改革，积极培育农业社会化服务体系的多元主体，广泛吸引社会各方面积极参与、投资、经营农业社会化服务，着力整合和统筹协调各种支农政策措施支持农业社会化服务体系，推动农业社会化服务体系向主体多元化、服务专业化、运行市场化的方向发展，实现农业服务体系的现代化。改变财政支持方式，以政府购买服务的方式，按推广项目付费，推多少付多少服务费，这样既能提高财政资金使用效益，又能充分调动科技人员的工作积极性。要“以本事论英雄”，不管是农业技术推广人员、合作社或种植养殖大户，还是农民“土专家”，都可以参与到社会化服务体系建设中来，推进全产业链社会化服务体系建设，扶持社会化服务企业做强、做大。

4. 推进财政与金融体制改革创新

加快完善涉农财政资金统筹整合机制，加大涉农财政资金整合力度，优先支持、聚焦、投入现代农业和新型乡村产业发展。探索财政撬动金融支农新模式，放大财政资金的杠杆作用，综合运用担保、贴息、保费补贴等金融杠杆政策工具，吸引带动金融投资，解决乡村产业发展“融资难”“融资贵”的问题。积极建立风险保障机制，综合运用担保、贴息、保费补贴等金融杠杆政策工具，吸引带动民间资本加大投入。制定鼓励引导工商资本参与乡村产业兴旺的指导意见，引导更多的工商资本、金融资本、社会资本等投向乡村产业。支持各类金融机构创新服务“三农”产品、拓展“三农”业务，促进涉农贷款投放持续增长。

（五）坚持真抓实干

实施乡村产业兴旺一定要坚持真抓实干，要有战略定力和足够的耐心。调研中发现，各地在实施产业兴旺过程中存在一些问题，如特色小镇建设、特色农产品发展、村庄景区开发，都是一拥而上，差异化不足。要解决这些问题，就要坚决避免搞形式主义，乡村产业兴旺必须真抓实干。

（六）坚持党建引领

基层党组织是产业兴旺各项政策的最终执行者。“书记有思路，村民有出路。”实施乡村产业兴旺，关键还要依靠基层党建，坚持党建引领。在实践中，要切实抓好党的基层组织建设，带动乡村实现产业兴旺。乡村产业要发展，就必须有人才，但如果没有产业，那么乡村很难吸引和留住人才。党委、政府要推动产业兴旺这项工作，要做好党建，引领产业发展；反过来，产业发展了又能进一步巩固基层党建，巩固乡村基层治理成果。为此，必须切实选好、配强推进乡村产业兴旺的“当家人”，对于有些村支书不得力或有的村“两委（村党支部委员会、村民自治委员会）”班子不得力的，该换的要换，该外派的要外派，要切实把上级的各项要求抓紧落实到基层。应充分利用村级班子的基层发动与组织功能，发挥班子成员的积极性和创造性，激励其投身乡村产业兴旺大业，带动群众创业、就业，推动实现乡村产业兴旺。

第二节　乡村振兴战略的关键——生态宜居

美丽的乡村是人们向往与憧憬的地方，但是由于诸多原因，我国部分乡村生态遭到不同程度破坏，亟待治理，而美丽中国、美丽乡村建设和乡村振兴战略已经吹响了让乡村再次美丽的号角。建设宜居美丽的乡村是乡村振兴战略的核心任务，美丽乡村是美丽中国的前提和基础，这也体现出了人们日益增长的美好生活需要同新时代生态文明建设的紧密联系。

建设宜人的乡村生态环境是实现乡村振兴战略的前提，同时也是促进城乡协调发展的重要方法。乡村生态环境的宜居化建设将随着乡村振兴战略的深入推进进入全新的发展阶段，现在的重点不再是简单地追求发展，而是注重提升建设的内涵和品质，这是一种阶段性的转变。[①] 乡村生态宜居是在平衡经济发展、提升居民生活水平和保护环境的前提下，实现内生型低碳经济发展的一种乡村建设探索。

一、生态宜居的国家政策梳理

保护和利用生态环境是实现我国绿色、协调发展目标的要求，也是增进民生福祉、建成美丽中国的基本保障。《中共中央国务院关于实施乡村振兴战略的意见》(2018 年中央一号文件)、《农村人居环境整治三年行动方案》等相关国家文件都指出阻碍新型城镇化发展的因素主要是环境和资源问题。居民生活垃圾产生量大幅度增长，垃圾处理不当造成的环境问题日益突出，资源利用率不高，缺乏相应的资源保护机制。实施乡村振兴战略，遵循减量化、资源化、无害化的绿色发展原则，是改善城乡环境、促进资源循环利用、加快“两型社会（资源节约型、环境友好型社会)”建设、提高新型城镇化质量和生态文明建设水平的关键举措。

依据《国务院关于开展第二次全国污染源普查的通知》(国发〔2016〕59 号)提出的要求，我们需要对全国范围内的污染源进行全面、系统的勘查和评估。贯彻《土壤污染防治行动计划》(国发〔2016〕31 号）是保障国家生态安全和促进生态文明建设的重要措施。建设生态文明制度的重要任务之一是通过合理的生态补偿机制来激励各方参与保护自然环境。这一举措能够有效促进乡村生态文明的建设。

在乡村生态文明建设的工作中，乡村道路建设是至关重要的一个部分，建设生态宜居的美丽乡村需要将基础性工程建设好。要将乡村生态文明建设视为基础性任务，使其成为建设美丽乡村的坚实支撑和有效推动力，加快乡村生态文明建设。各方应积极贯彻党的二十大精神，特别是在实施乡村振兴战略和脱贫攻坚行动时，要意识到农村公路建设对于推进乡村发展的重要性。需要关注当前乡村生态文明建设中存在的问题，并加强政策制度的制定和完善。在建设农村公路的同时，也要加强对已建成的公路的管理、保护，为广大农民提供更好的保障，促进农民脱贫致富，加快农业农村现代化发展。

① 马赛萍．乡村生态宜居建设的内涵及路径探讨[J]. 现代农业研究，2020，26（9）：33-35.

二、生态宜居的评价指标

什么样的生活环境是生态宜居？目前并没有一个具体确定的指标来衡量。根据各地建设的实际和发展的基础，可以参照生态宜居城市建设指标，大致明确了各地因地制宜建设生态宜居乡村应当着重实现的目标。

（一）生活环境生态良好

良好的生态环境是一项重要的民生福祉，建设良好的生态环境有利于提升人们的生活水平、改善人们生活质量、提升人们的幸福感和安全感，既是人们幸福生活的基础，也是一项重要的保障。生态环境的质量直接影响农民的生活体验。生态环境是一个综合的概念，是包括乡村规划、绿化、卫生、水源等农民生活必备要素在内的体系，以自然生态为基础，但不限于自然生态。

一般来讲，生态环境好，要求生活区域空气清新无异味，河流湖泊水源清澈无污染，山林茂密无滥伐，草地茂盛无滥垦，村庄内村容整洁绿化好，垃圾入池无乱扔乱放。生活环境生态良好，既强调人与自然和谐相处，又要注重人力投入和改造，以为群众提供优良的生活感受和体验为目标。

（二）生活便利设施全

生活便利是农村生态宜居目标的核心要素，也是决定性因素。相比于城市生活，农村地区基础设施不太完善，基础医疗、教育、文体、生活设施都不够充分，因此给生活带来诸多不便。这也是农村生活对青年人逐渐失去吸引力的原因所在。生态宜居就是强调要住得好，无论是发达地区还是偏远地区，除了干净舒适，还要有便利的生活设施。

随着生活水平的提升，人们对美好生活的需求也在不断提高。综合现阶段人们生活的普遍性需求以及生活便利要求，在农村地区要基本具备以下生活基础设施：基础医疗保障做到小病不出村；基础教育保障做到学前教育不出村、义务教育以步行 15 分钟内到达为宜；村庄内有常用文体场所和器材，如阅览室、报栏等；村庄内有小商店提供基本生活物资需求服务；出行有基本公共交通保障即村村通公交，道路设施有安全保障等。这些都是人们基本的生活需求，但在部分农村地区还难以实现，生活的便利程度仍然不够。

（三）生活幸福水平高

生活水平是衡量农民生活幸福的一个重要标准。生活水平高不是简单的“吃得好、穿得好”，更主要的是在解决了温饱问题后，农民在整个社会中的生活体验与以往完全不同。例如，手中有一定积蓄，不用为医疗、教育问题而忧心；生活关注点不再集中于吃饭穿衣，更多地关注精神生活质量的提升等。

根据国际通行的评价指标体系，生活水平涵盖物质生活水平和精神生活水平两个方面，从个人和家庭方面来讲，都有相对明确的要求。从收入上来讲，家庭纯收入足以满足日常生活需求，并有积蓄；从日常消费来讲，衣食消费在日常支出中比重降低，更多地用于精神生活消费支出；教育和文化消费成为家庭生活的重心，说明人们更加注重教育水平和文化质量；从社会保障上来讲，农民社会保障体系日益完备，基本的医疗、养老保障能够消除农民的后顾之忧。这些方面的保障都能够提升农民的生活幸福感，也标志着农民生活水平的提升。

（四）生活安定秩序好

良好的人际关系、和谐的邻里关系，是农村社会中乡风质朴、文明的突出表现。不同于城市环境，乡村社会是一个熟人社会，是以血缘为基础形成的关系纽带和以祖辈共同生活地域为联系形成的邻里关系，紧紧地把农村居民联系在一起。在农村，互帮互助是经常的自发行为，相互帮衬下的农村显得秩序安定。

在生态宜居的目标中，乡村生活秩序是一个重要内容。随着经济水平的提高，在农村地区也产生了一些不文明、不和谐的现象，在一定程度上影响了传统的农村关系的质朴、安定。生态宜居就是要通过文明培养、文化宣传，通过典型示范带动、齐抓共管，不断在乡村这个天然共同体中构建安定的社会秩序，为农村发展和农民生活幸福提供坚实的社会基础。

三、生态宜居的实现路径

关于乡村生态振兴工作，中央农村工作会议明确指出，应当持续以乡村为重心，推动乡村可持续绿色发展，使人类和自然在和谐共存的道路上不断前行。在推进生态振兴的过程中，我们应当以绿色发展为主导，同时协调山水林田湖草系统的管理。另外，我们需强化对农村环境的治理，建立市场化和多元化的生态补偿机制，以此促进农业生态产品的生产，要让百姓的钱包鼓起来、环境美起来，这为建设美丽宜居乡村指明了方向和行动路线。

（一）编制并实施绿色生态、可持续发展的乡村振兴战略规划和行动方案

以绿色发展为引领，统一各级党委、政府的思想，增强“绿水青山就是金山

银山”的科学发展理念。让“绿水青山”“蓝天白云”“沃土千里”成为守护美丽宜居示范村的环境摇篮。

（二）制订实施山水林田湖草系统治理方案

我们要坚守蓝天、碧水和净土，加强对生态修复和生态保护等环境治理体系的建设和完善，统筹实现“蓝天碧水绿草地”。对现有生态资源进行全面规划和有序治理，不断优化生态环境。加强生态的生物多样性保护，持续推进治水兴渔、护草守牧、荒山绿化行动。加强对农业、工业、生活污水的处理管理，对污染严重水体以及不达标水体加强处理，加快水污染防治计划的实施，加强对居民饮用水安全的监管和保障，持续推进河长制、湖长制，生态扩容和污染防治两手抓。全面提升乡村空间治理，改善农村人居环境，以循序合理的乡村建设、改造、治理实现乡村生活“田园式”栖居。从“村村通”到“户户通”，持续推动基础设施与基本公共服务的升级保障，实施村容村貌改造工程。

（三）倡导绿色发展和低碳生活方式

生态宜居作为实现乡村振兴的底层和根本要素，全领域综合污染治理是关键先导工程，以攻为守，实现人居环境的宜居。构建生态宜居振兴的“免疫动力系统”。加快调整乡村能源利用结构，鼓励高效清洁用能和新能源推广利用，推行激励与约束并举的节能减排新机制，完善农村环境税收价格政策，多渠道拓宽乡村节能改造、能源投融资渠道。实施生态发展提升工程，倡导绿色低碳办公、绿色出行，大力发展公共交通和骑行生活方式。推进循环生态体系和绿色建筑，减少能耗，增加森林覆盖率。

（四）全面治理农村环境，打造美丽宜居乡村

分类管控防治大气污染，多措并举治理土壤污染，监管并重实现流域水体防治，多方参与规范农村生态监管，全面建设美丽宜居示范村，强化乡村生态环境综合治理。强化区域联防联控，减少重污染天数，改善大气环境质量，增强人们的蓝天幸福感。以农村垃圾、污水治理和村容村貌提升为重点，治理农村人居环境。强化农村生活环境管理、保障农村饮用水安全，实施村容村貌改造工程，持续改善乡村生活居住环境。

（五）形成绿色低碳发展的产业体系

首先，遵循绿色发展理念，优化产业结构、能源结构、运输结构、用地结构。

坚持自然恢复为主，统筹开展全国生态保护与修复，全面划定并严守生态保护红线，提升生态系统质量和稳定性。其次，加大土地污染综合治理与生态修复力度。实施监测公开制度，建立属地监测中心站与上级及国家土壤环境信息化管理平台联动机制，加大年度定期自行土壤监测行动频率。以农业“两区（粮食生产功能区和重要农产品生产保护区）”土地为重点，实施农田土壤污染防治行动计划，健全农田土壤污染监测预警体系，推进污染耕地防控和修复，开展土壤污染治理与修复技术应用试点。制定农用地污染防治相关技术规范，加快形成科学治理推广模式。

（六）完善生态补偿机制和监督约束办法

建立山水林田湖草生态系统行政首长责任制。实施山水林田湖草生态修复计划，推进生态系统有序治理。完善以奖促治政策，探索建立生态产品购买、森林碳汇等市场化补偿制度。推行生态建设和保护的以工代赈做法，提供更多生态公益性岗位。

（七）实施农产品生态化工程

实施农产品生态化工程，为社会各界提供生态、有机农产品和综合化的生产生活服务。大力发展绿色产业，关注调整改造传统产业和发展新能源、节能环保等新兴产业。推动产业绿色发展，建设一批示范主体，打造生态循环农业新型农作模式。

四、生态宜居的建设方针

（一）环境治理

一是针对已被污染的环境，采取相应的措施予以治理。二是对可能产生污染的生产活动进行预防。治理和预防一定要从源头抓起，对污染性生产进行必要的治理。如大气污染，通过对排放出的气体进行治理，减少有毒气体的排放量；污水要通过治理，使其有害物质降到最低，不会危害人体健康；固体污染物通过处理，再次利用，变害为利。总之，通过治理，变污染废物为可利用的资源，达到合理利用、变废为宝的目的。要把环境治理和保护作为村庄规划的一项重要内容。

1. 建立安全、清洁的生产机制

环境保护实质就是进行安全、清洁生产的保障机制。企业从规划阶段就要树立安全、清洁生产意识，从源头上预防污染。

2. 加大环境保护管理力度

加大环境保护管理的力度，一是要加强对污染企业的管理，增加排污费用，用于污染物的治理；二是对于污染严重且不具备治理能力的项目，坚决不予立项批准，以控制污染物排放；三是对那些污染严重又无治理能力的企业，一定要关、停、并、转，严禁再生产；四是禁止使用污染严重的农药、化肥和难以降解的塑料薄膜；五是要根据当地实际情况，分片建设污水处理场所，达到污水治理标准。

3. 农村建设要走“四节”“八新”的建设道路

“四节”，即节地、节能、节材、节水；“八新”，即建设新环境、利用新能源、利用新材料、建立新的管理和服务体系、建设新的基础设施和公益建筑、培育和完善新的社会主义市场体系、培育和造就新一代农民、建设社会主义新农村和树立新风尚。

（二）生态建设

生态建设包括构建循环经济、使用新能源和农业生态环境建设等内容。

1. 构建循环经济

建设社会主义新农村的一项重要任务就是构建农村的循环经济，以农业资源为基础，对农产品进行深加工，充分利用资源进行再生产，尽可能实现废弃物资源化利用，充分提高资源的利用程度。

2. 使用新能源

我国农村面广点多，能源消耗量大，农村生态环境较差，农民收入偏低。使用新能源就是减少煤炭、石油等耗竭资源的使用量，尽可能使用太阳能、水能、风能、潮汐能、地热能和一些再生能源，充分利用自然能和再生能源，减少污染，节约资源。

3. 农业生态环境建设

我国人口多、开发历史久远，人类对自然资源的过度开发造成自然环境和农业生态环境的严重破坏，使得农村生态环境较差，成为农村生产、生活的限制因素。因此，编制新农村规划必须把农村生态环境建设作为一项重要任务。

（三）生态农业建设

实践证明，要遏制生态破坏，保护和改善农业生态环境，实现农业现代化和保持农业可持续发展，必须发展生态农业。生态农业建设规划的指导思想是以生态理论为指导，充分认识到农业生态系统是农村复合生态系统中的一个半人工生态系统，农业生态系统不但自身处于高效稳定运转状态，而且要与其他生态系统保持协调稳定。应因地制宜地确定生态农业模式，充分合理利用农业内部的资源，注重农业资源，注重农、林、牧、副、渔等的全面发展和配置，促进农业生态系统的良性循环，使自然资源得以永续利用。注重经济与环境协调发展，使经济效益、社会效益和环境效益达到高度统一。

（四）生物多样性保护和自然保护区建设

农业生产的资源保护可以通过生物多样性保护来实现，生物多样性包括三部分内容，即遗传多样性、物种多样性和生态系统多样性。保护生物多样性是当前自然保护工作的重要内容，其中建立自然保护区是保护生物多样性最有效的手段之一，实施方法包括以下三项。

①保护生物多样性。与相关部门联手进行自然保护区现状检查，根据设立自然保护区的标准和要求确定受保护的物种和保护级别。

②确定保护区。确立自然保护区具体地点，并划定保护范围。

③建立管理机构。建立相应的管理机构，提出自然保护的要求，并制订防护措施。

（五）农业生态林建设

根据农业环境保护目标，对规划区域内宜林、宜草的荒山、荒地、荒坡、荒滩面积进行普查统计，划出范围，进行绿化，提高植被覆盖率；对于水土流失、草场退化、土地沙化严重的地区，会同有关部门划出退耕还林、退耕还牧区域；对林业用地、各种防护林、道路、农田林网等采取相应的绿化措施；制定并执行有关法规，提出相应的管理措施，以保护森林植被资源，提高绿化覆盖率。

（六）水环境治理

水环境规划方案是由许多具体的技术措施构成的组合方案，这些技术措施涉及水资源开发利用与水污染控制的各个方面。针对水环境污染问题，可采取以下两种治理方法：一是减少有害物质排放，在需要改善环境质量功能的地区应实行总量控制性排放政策；二是利用和提高水体自身的净化能力，提高环境承载力并有效利用环境容量，改善水环境。具体措施如下。

1. 严格执行排放标准

加强对人为排放污染物的监管，严格按照排放标准对排入环境的污染物浓度进行限制，避免排污量超标造成严重的环境污染问题。

2. 企业清洁生产

清洁生产是一种基本的污染防治战略，企业在带动区域经济发展的同时，也带来了较大的环境污染。清洁生产、减少污染是企业的正确发展方向。

3. 污水治理与资源化利用

解决城镇污水治理问题的最有效措施就是兴建污水处理设施，实现污水资源化利用。地方政府应根据当地的经济发展状况和实际污染程度考虑开展污水治理工作，将污水处理后进行二次利用。例如，可以将经过二级或三级处理的废水作为中水回用来进行绿化或街道清洗等；将处理后符合农田灌溉标准的污水用于农田灌溉，这样能够在有效治理污染水体的同时提高水资源的利用率，有效节省水资源。

4. 农业污染控制

农业污染控制主要包括对土壤和地下水的保护。对于土壤结构可以通过调整农业结构和实施科学的轮作种植等举措加以改善。要减少农药和化肥对土壤造成的污染，减少高残留农药的使用，应当促进有机肥料和绿色农药的推广，提倡科学的施肥和农药喷洒方式；要对水土流失问题加以处理，可以在农田四周种植绿化树木，形成绿化林网，对于一些水土流失明显的坡地可以采用农作物固土固水，将坡地改造为耕地。对于地下水的保护，要促进有机农业和生态农业的普及，逐步调整农业布局，推进绿色农业模式的实施，以减轻畜禽饲养对环境造成的负面影响，对于规模较小的分散养殖户，要监督其合理处理污水和粪便，减少环境污染；对于规模较大的畜禽养殖企业，要加强对其污水和粪便处理的监管，排放的污水要符合浓度及其他指标的排放标准，要对污水去向进行规范和监管，粪便要合理堆存，避免被水浸泡渗入地下污染地下水，要做好堆放处的地基防水处理。

（七）建设中采取的主要措施

对于农业农村的环境保护和生态建设，要依据基本国策、党和国家的各种文件要求和生态建设规划的具体安排，采取以下三个方面的措施。

1. 加快美丽乡村建设

加快县级乡村规划的制订和完善，提升规划的科学性和实施效果，确保规划的综合性和可操作性。增强乡村基础设施建设，加强对山川、森林、耕地和道路等的整体治理；促进农业转型升级，自觉优化农业结构，倡导推广可持续的循环农业经济，采用有效措施治理农业污染，提高农产品的品质和安全性；推行农村垃圾清理整治计划，加大农村污水治理和厕所改造力度；加快农村老旧房屋改造，同时促进农村环境整治工作与其有机结合。我们应当充分发掘农村所拥有的生态资源，一方面要切实保护乡村生态环境，另一方面要积极促进农村旅游和休闲产业的发展。同时，要呼吁农村居民在家门口和街道两旁进行植树绿化，并加强乡村精神文明建设，在民风建设和环境保护两个方面重点发力，促进生态文明城镇的建立。

2. 发展绿色产业

加速发展节能环保产业，加强对节能环保市场的监管，大力推广节能环保产品，拉动市场消费需求，不断吸引社会投资，加强节能环保工程技术的升级，使节能环保产业成为地区支柱产业之一。推进新能源领域的新材料和装备的研究及应用普及，加强对核能发电、生物质发电、风能发电、太阳能发电等发电技术的应用和推广，以及对生物质能源、沼气能、地热能、浅层地温能、海洋能等新能源的利用，提高自然资源利用率。同时还要完善相关政策机制以满足市场需求。这将极大地推动节能环保技术、设备和服务水平的发展与提升，促进新的经济增长点的形成。

3. 严守资源环境生态红线

我们应该设定并严守资源环境保护红线，要严格控制资源消耗量，不断提升环境质量，加强生态保护，守好资源耗费的上限和环境保护的底线，以确保各种开发活动不超出资源和环境的承载能力。制定有效的资源管理策略，强化对能源、水资源和土地等资源的管控，限制高能耗的消费行为，并实施全面的能源消费管理措施。

坚守用水管控红线、用水效率红线、水功能区污染红线，提高水资源利用率，减少对水功能区的污染；坚守生态功能红线，在一些生态脆弱区、生态环境敏感区、重点生态功能区等区域以及森林、草地、湿地、海洋等自然领域划定生态红线，限制自然保护区的征用，保护区域的生态功能，防止生态区生态退化、面积缩小，维持区域生态系统的稳定性；要划定耕地数量及质量红线，帮助维持农业用地的平衡，各地政府要严守环境质量底线，划定污染物排放的上限并采取一定的环境治理措施，确保当地的土壤质量、大气质量和水源质量有良好的管控规范作保障；为了确保资源利用率和环境容量不超过自然环境承载力，各地政府要建立资源环境容量监测系统，及时监控当地的自然资源消耗量和环境质量，在生态环境质量不理想的区域加强对污染物排放的限制，并采取相应措施对生态系统进行修复。

第三节　乡村振兴战略的根本——生活富裕

乡村振兴战略实施的效果如何，关键还是要通过是否实现了农民生活富裕来进行检验。生活富裕是实施乡村振兴的根本落脚点。我国“三农”问题的核心是广大农民群众的收入问题。生活富裕既是乡村振兴的根本，也是实现全体人民共同富裕的必然要求。[①] 农民生活富裕是中国共产党和各级政府最重要的努力方向之一，也是考验地方党委和政府执政水平和政治素养的重要方面。

一、生活富裕的国家政策梳理

要振兴乡村，必须使产业兴旺、生态宜居、乡村文明、治理有效、生活富裕，其中让农民富裕是关键。中华人民共和国成立以来，党中央始终高度重视农民生活富裕问题。党的十一届三中全会以来，我国农村发生了许多重大变化。其中，影响最深远的是普遍实行了多种形式的农村生产责任制，而家庭联产承包责任制又越来越成为主要形式。中国共产党在第十二次全国代表大会上提出了要全面发展农业的要求，计划在进入新世纪之前实现全国工农业年总产值翻两番的目标，而实现这一目标的根本举措就是要大力推动农业发展，可以说开创我国社会主义现代化建设新局面就要将发展农业视为重要战略目标。

1983 年，中共中央印发《当前农村经济政策的若干问题》的文件表明，要同时保证良好的农业生态循环和经济效益，满足城乡居民的生活需要、工业发展需求，需要采用综合经营的方式，要使农、林、牧、副、渔等农村产业全面协同发展。需要创造条件让农村的剩余劳动力留在家乡，优化多部门经济结构，为其提供更多工作岗位，使其不必单纯从事耕作劳动，也不必背井离乡去城市寻求出路，实现乡村经济多元化发展。要改变农村的经济结构和精神面貌，使农民的生活水平

① 丁立江．乡村振兴须实现生活富裕根本目标 [N]. 中国经济时报，2020-07-02 (4)．

得到提高，让百姓富起来，这样才能不断缩小城乡差距和工农差距，推动城乡协同发展。现有的社队企业，不但是支持农业生产的经济力量，而且可以为农民的多种经营提供服务，应在体制改革中认真保护，切勿削弱，更不得随意破坏、分散。社队企业也是合作经济，必须努力办好，继续充分发展。要认真进行调整和整顿，加强民主管理和群众监督，建立多种形式的生产责任制。

2017 年前后，党中央、国务院及国家发展和改革委员会、农业农村部、财政部、生态环境部等都出台了相应的政策文件。2017 年，中央和国务院出台了《关于加快构建政策体系培育新型农业经营主体的意见》，这份文件凸显了党中央的战略思维，彰显了多方努力凝聚的智慧，在之后的很长一段时间内都能够作为新型农业经营主体发展的指导性政策文件。

《国务院关于印发“十三五”生态环境保护规划的通知》提出，要推动绿色产业建设发展，重点在加强林业资源基地建设，根本取决于加快产业转型升级，促进产业高端化、品牌化、特色化、定制化，以满足人民群众对优质绿色产品的需求。开展环保产业技术合作园区及示范基地建设，推动环保产业走出去。

2018 年中央一号文件全面阐述了乡村振兴战略的指导思想、基本原则、目标任务、实施路线和保障措施等，是我国推动乡村文明和生活富裕的纲领性文件。

二、生活富裕目标的意义

对于农民来讲，生活富裕的目标是发展农业生产的动力，是辛勤劳动的价值所在。生活富裕的目标，让农民觉得农业有未来，日子有奔头。对于农民来讲，生活富裕是一种状态，更是一种希望。

（一）生活富裕是共同富裕的生动体现

党领导中国建设和发展的过程中，一直都强调共同富裕。虽然在不同的历史发展阶段，在不同发展环境和水平下，关于共同富裕的内涵、实施路径、具体目标等有所差异，党领导人民实现共同富裕、让全国人民都过上安乐富足的生活的目标却是一致。强调共同富裕，是社会主义优越性的具体体现，是中国人民共同的生活追求。

对于农民来讲，生活富裕尤其具有重要意义。长期以来，由于环境、生产方式、基础设施、医疗教育资源的影响，城乡之间存在着较大的差异，而且这种差异是全方位的，导致农民的生活水平同城市居民相比差了一些。在许多农民看来，理想的生活就是像城里人那样，吃喝不愁，生活丰富多彩，有活儿干，有钱赚，有节假日，有娱乐休闲的场所等。这也是青壮年劳动力不断涌入城市，找寻机会、实现梦想的原因所在。归根结底，这都是由农村地区生活水平较低、生活较为贫困造成的。在党的政策的支持下，在政府的有力指导下，在社会各界的关注和帮助下，农村居民坚持不懈地辛苦劳作，渐渐摆脱贫困，过上幸福生活。

孔子曾经说过：不患寡而患不均，不患贫而患不安。[①] 城市富不算富，农村富才是真正的共同富裕。对于农村居民来讲，生活富裕目标，是他们辛苦劳作的动力所在，也是希望所在。只有实现生活富裕，兜里有钱了，日子有奔头、有指望了，他们才会更有信心，更有干劲儿。因此，共同富裕特别强调农民的生活富裕。习近平总书记多次强调，农民富，中国才能富。这是对农民生活富裕目标的肯定和定位。农民生活富裕，是党领导农村工作的中心和目标，是为了真正实现全社会共同富裕的决定性因素。只有农民生活富裕目标实现了，农民真正过上他们理想中的富裕生活了，共同富裕的社会目标才能真正实现。

（二）生活富裕是富民政策的必然结果

为了农村发展，农民生活富裕目标的实现，国家制定了一系列的富民政策，助力农村地区的发展，保障农村居民生活富裕。梳理一下近年来的国家富民政策，有农业支持保护补贴政策、农机购置补贴政策、主粮最低收购价政策、种粮补贴政策、高标准农田建设支持政策、“粮改饲”支持政策、农产品产地初加工补助政策、发展休闲农业和乡村旅游项目支持政策、培育高素质农民政策、培养农村实用人才政策、扶持家庭农场发展政策、扶持农业产业化发展政策等多项富民政策，其中 2016 年出台富民政策有 50 余项。这些富民政策的实施，大大促进了农村地区的发展，推动实现农民的生活富裕。

这些富民政策，从不同的角度助力农村地区建设和发展，助力农民增产增收，不断推动农民生活富裕目标的实现。比如，精准扶贫政策对于助力农村地区脱贫、实现农民生活富裕目标，发挥了巨大的作用。2014 年精准扶贫政策开始实施，全国各地的贫困农户、贫困人口脱贫的速度大大加快。这得益于精准扶贫政策的实施，国家和社会集中人力、物力、财力，大力推进扶贫攻坚作战，贫困农户、贫困人口也在党的好政策的助力下，实现了脱贫。党的十八大以来，在精准扶贫政策的推动下，至 2021 年末，近 9899 万农村贫困人口全部实现脱贫，贫困县全部摘帽，绝对贫困历史性消除。我们相信，在党的政策的指导、指引下，农民生活富裕目标将会更加高水平、高质量地实现。

① 闵天．中国为人处世格言辞典[M]．南宁：广西民族出版社，1991．

（三）生活富裕是农业发展的不竭动力

农业生产发展是乡村振兴的根基所在，生活富裕是乡村振兴的根本目标。农业生产的产业结构调整、发展能够极大地促进和保障生活富裕目标的实现，生活富裕目标同时能够极大激发和调动农村居民的生产动力和生产的积极性，积极投身于农业生产，为农业生产发展提供源源不断的生产动力。

对于农村、农民来说，农业生产始终是立身之本、生活之源。这是人类社会发展历史在农民血脉中、意识中根植的传统，也是农民在日复一日的生活、生产实践中形成的习惯。乡村振兴战略所提出的产业兴旺的农业发展目标，与生活富裕的发展目标相辅相成，是一个有机的整体。

对于农民来讲，在土地上侍弄庄稼，是他们一辈子的事情。即使在生产条件有了根本性改变的今天，对于农民来讲，土地是他们走到哪里都放不下、舍不掉的牵挂。对于农民来讲，土地不仅是食物的来源，更是情感的寄托。正是这种情感的归属，让农业生产有了源源不断的动力。农业生产和发展是未来美好生活的根基，是生活富裕的根本保障。只有实现了农业的发展，土地里才会真正生金，才能让生活富裕的目标早日成为现实。

正是在生活富裕目标的激励下，一代代的农民，即使面朝黄土背朝天，即使汗流浃背辛苦劳作，他们依然是快乐的，丰收的喜悦冲抵了辛劳。田野充满希望，付出一分辛劳，就有一分收获。朴素的道理让农民对于农业生产有着近乎信仰般的执着。他们为了丰收的喜悦，为了富裕的生活，不断在黄土地上创造着一个又一个奇迹。

三、生活富裕的实施路线图

生活富裕是乡村振兴的重要目标，也是各地区“三农”工作的重点。结合2023年中央一号文件精神，生活富裕的实施路线图如下。

（一）增加集体和农民收入

按照“消除空壳村、扶持薄弱村、壮大富裕村”的思路，优先保障集体经济发展，加强农村“三资（资金、资产、资源）”管理，拓宽农民增收渠道。加强县、镇两级农业经济管理队伍建设，完善农村“三资”委托代理服务，积极推行会计聘任制，规范村级财务公开。开展村庄经营，积极引导农民创业基地的建设，鼓励新型经营主体和集体经济组织在农村建设原料加工点、工厂、销售点、商铺等，鼓励村集体和有条件的农户依法向金融机构融资担保、入股从事农业产业化经营，获取财产性收入。

（二）提升创业就业质量

加大乡村人力资源开发，多渠道支持农民创业，全方位提高就业质量，多元化提供创业就业保障，提升创业就业质量。引导工商资本和各类人才下乡，开拓农村创业“蓝海”，享受农村创新创业“红利”。构建一批“线上线下、虚实一体、阳光便捷”的就业服务平台。培育一批家庭工场、手工作坊、乡村车间，鼓励在乡村地区兴办环境友好型农产品加工、传统工艺类、大数据类、休闲旅游类、农耕文化类、农业服务类新企业，实现乡村经济多元化，提供更多就业岗位。

（三）推动城乡基础设施互联互通

完善物流和仓储基础设施，强化水资源和能源、通信等基础保障，实施数字乡村战略，构建清洁高效能源体系，推动城乡基础设施互联互通，促进农村基础设施提档升级。全面推进城乡客运公交化和城乡公交一体化建设，鼓励发展镇村公交。倡导低碳生活，节约生产生活用水，保障水资源供应能力，实行水资源消耗总量和强度双控行动，加大水资源统一调度力度，确保空间均衡，合理分配客水指标，保证居民基本用水。在农村地区加快推广宽带网络和移动通信网络，为农村地区量身定制信息技术、产品、应用和服务，以满足“三农”特色需求。在农村构建现代化和城乡协调的能源体系，强化农村能源服务体系的机制创新，推动农村能源的高效、清洁、多元化利用。

（四）构建农村公共服务体系

要建设一个可使城乡居民共享的基本公共服务体系，应把农村教育和医疗的发展放在优先位置，同时加强社会保障制度的完善。加强新型农民职业教育，建立与区域经济社会发展需求、现代产业体系和社会就业相适应、相衔接、协调发展、开放兼容的现代职业教育体系，逐步分类推进中等职业教育免除学杂费。健全学生资助制度，把农村有需要的人群纳入特殊教育体系，推动优质学校辐射农村薄弱学校常态化。完善农村教育保障体系，建立长效运营机制。全面实施社会保险改革，推广全民参保登记计划，完善城乡一体化的社会保险体系。

（五）打好精准脱贫攻坚战

要有效推进乡村振兴战略的实施，就要将脱贫攻坚工作放在首位，既要提高脱贫工作的针对性和精准性，又要提高脱贫质量，使脱贫工作与乡村振兴战略的实施实现精准对接。推动产业扶贫、开展教育扶贫、加强精神扶贫、实施金融扶贫、推进社会扶贫、夯实重点扶贫，打好精准脱贫攻坚战。完善社会扶贫供需对接机制，整合全行业志愿服务资源。探索“互联网 +”社会扶贫模式，搭建农村最低生活保障工作的动态化、精细化管理系统，实现扶贫资金、资源与贫困对象精准对接。

（六）出台产业优先扶持政策

在土地、资金、人才等方面优先向农业农村倾斜，并加大党管农村和干部任免力度，提高各方面对农业农村的重视和投入，快速提高农业发展质量和效率。

第四节　乡村振兴战略的保障——乡风文明

乡村振兴战略的保障是乡风文明，它是将传统的农耕文化与优秀乡村文化融为一体的重要途径。[①] 乡村文化建设和乡村精神文明建设的重点在于发掘和培育文明乡风，培育文明乡风既是乡村文化建设和精神文明建设的目标，也是主要的建设内容。

一、乡风文明的国家政策梳理

文化是乡村的灵魂。文化兴，乡村兴。2018 年中央一号文件提出，要培育文明乡风、良好家风、淳朴民风，不断提高乡村社会文明程度。文明的乡风、家风和民风是乡村振兴的重要内容和有力保障。

（一）普遍建立村综合性文化服务中心

物质生活丰富了，农民群众也开始注重精神生活的丰富多彩。虽然现在农村的精神生活享受早已不是半导体、黑白电视机，但相比较于城市文化生活，农村地区的精神文化生活还是相对贫乏、单调。以实施乡村振兴战略为契机，乡风文明建设要求首先丰富农民群众的精神文化生活，因此普遍建立了综合性文化服务中心。

综合性文化服务中心承担着精神生活建设重任。综合性的文化服务中心需要

① 曲文强，李晓玲，姚嫱．乡村振兴战略背景下农村优秀传统文化的传承与发展[J]．甘肃农业，2020（8）：96—98.

有一定的活动空间，要根据基本文化活动需求搭建舞台，配齐基本文体设施等。在综合性文化服务中心，可以组织适当规模的文艺演出、电影放映、集体文娱活动、展览展示、教育培训等。同时，设置阅读室，配备图书、报刊，农民在闲暇时间可以读书看报等。通过基础的文体设施和基本的文化活动，为农民群众提供基本文化服务保障，丰富农民的文化生活，增强农民群众的生活幸福感。

（二）农村义务教育高水平师资力量保障

百年大计，树人为本。对于农村地区，改变生存和发展状况最有效的方式就是教育。读书改变命运，在农村地区体现得尤为明显，有很多农村娃都是通过上学改变了自身的生活环境，开创了自己的未来。农民曾经吃过没文化的大亏，因而深刻体会到教育的重要性。对于农村孩子来讲，肯吃苦、肯学习、肯用功，是学习文化知识的一个方面，另一方面农村孩子学习成才还要有高水平的师资保障。

（三）农村居民开始重视文化娱乐活动

民以食为天，长期以来，农村居民关心的都是如何填饱肚子。随着经济社会发展，人们对文化生活的追求不断增加，人们在教育、文化、娱乐方面的支出也在不断增加。诸如广场舞、太极拳等，以前只有在城市才可见到的大众娱乐健身活动，现在在农村地区也可经常见到。这表明农民也开始重视文化娱乐活动。

二、乡风文明建设的意义

习近平总书记指出："文化是一个国家、一个民族的灵魂。文化兴国运兴，文化强民族强。没有高度的文化自信，没有文化的繁荣兴盛，就没有中华民族伟大复兴。"[①] 习近平总书记非常重视文化建设，他多次强调要"坚守中华文化立场"。乡风文明是中华文明的重要内容，是中华文化传承的基础之一。乡风文明建设作为乡村振兴战略的灵魂，对乡村振兴战略的实现具有重要意义。

（一）乡风文明建设是实施乡村振兴战略的重要保障

乡村振兴是谋划乡村全面发展和振兴的综合性战略，乡风文明建设是其中的重要方面。乡村振兴战略旨在"强体"，要求实现农业、农村、农民的全面振兴和发展。乡村振兴战略更要"铸魂"，要求农业成为有吸引力的产业，农村成为人们的精神家园，农民能够在农村文化和文明中有自身的身份认同感。乡村振兴

① 蔡利民．文化兴国运兴，文化强民族强[N/OL]．光明日报，2018-06-07[2023-09-08]．http://theory.people.com.cn/n1/2018/0607/c40531-30041110.html．

战略要求在乡村社会中坚持精神文明与物质文明一起抓，在实现物质丰饶的同时，使精神生活得到提升。乡风文明建设正是提升乡村精神文明、实现“铸魂”的有力抓手。

乡风文明建设通过把社会主义核心价值观、精神文明建设、文化下乡等内容，同农业发展、乡村振兴结合起来，在农业农村发展的各个方面，为乡村振兴提供思想保障、精神动力和智力支持，不断推动乡村振兴战略实施。

（二）乡风文明建设是扶贫工作的重大动力

扶贫工作是国家扶贫工作进入关键阶段的重大举措。乡风文明集中体现了农村地区的风土人情、精神面貌、乡风民风，也是一个地区基本社会秩序的体现。“仓廪实而知礼节”，农村居民的生活富足则有利于促进社会稳定。若是今日还为生计而担忧、奔波，为些许小利产生纠纷，则无助于基层社会秩序稳定。

乡风文明建设是精准扶贫工作地重大动力，是改善乡风民风的重要举措，通过不断的扶智、扶志，在农村营造“以热爱劳动为荣”的大好氛围，引导农民坚定脱贫的决心和信心，从而为精准扶贫工作提供内生动力，激发农民的积极性、主动性。

（三）乡风文明建设能够有效推进农村的全面发展

农业农村的发展是全面的发展，需要多渠道、多途径投入人力、物力、财力，同时还需投入智力。乡风文明建设或许没有实际的经济效益，但它却可以通过无形的精神支撑、智力支持，不断推动乡村振兴战略的实施。

乡风文明建设，能够有效地改善乡村地区的软环境，不断增强乡村地区的吸引力、凝聚力，吸引外来资金投入、吸引外来人才创业、吸引乡村精英积极投身家乡建设。

乡风文明建设，能够有效改善乡村生态环境，增强人文遗迹、民俗风情、历史文化等文化资源的生命力、吸引力，奠定乡村旅游等新型乡村经济形态的基础，极大促进乡村振兴战略实施，有效推进农村全面发展。

三、乡风文明的实施路线

培育健康的乡土文化和文明风尚是乡村振兴的重要基石。要实现文明中国的目标首先要实现乡风文明，培育文明乡风是建设文明中国的重要任务。培育文明乡风有助于传承中华优秀传统文化，要将乡土社会作为传承乡村特色文化和中华优秀传统文化的主要阵地。自党的十八大以来，保护中华民族的精神家园已成为人们共同关注的问题，其中乡风文明建设发挥了重要作用。习近平提出乡风文明建设的主要任务是改善社会风气、提高农民的思想道德素质、保护和传承农村优秀传统文化、推广社会主义核心价值观、增强农村公共文化的建设以及提升农村社会文明水平。因此，在新时代建设乡风文明的过程中，应该将这些任务作为核心建设内容，制定相应的实施计划和路线。

（一）弘扬社会主义核心价值观

随着中国经济的发展，乡村社会分工日益明确，农民个体意识增强，个人主义、消费主义冲击着农民的传统观念，农民的传统价值观念发生转变，具体而言体现在：由安土重迁转变为走出大山，想要摆脱贫困与落后；由重视家族和家庭利益转变为个人奋斗。

弘扬社会主义核心价值观旨在让广大村民确立共同价值追求、坚定人民信仰、播种民族希望、增强社会凝聚力。党的十八大首次凝练了“富强、民主、文明、和谐、自由、平等、公正、法治、爱国、敬业、诚信、友善”的社会主义核心价值观，这是对中国特色社会主义理论的重大发展和贡献，标志着中国特色社会主义建设过程中又一个重大的理论创新。弘扬社会主义核心价值观对实现中华民族中国梦具有重要意义，不仅国家层面的中国梦需要社会主义核心价值观的指引，民族、个体层面的中国梦更加需要通过培育和践行社会主义核心价值观凝聚共同价值追求。乡风文明建设就是要加强广大村民对中华民族共同价值追求的认同，并需要村民意识到共同的价值追求不是空洞的口号，而是要放在具体的时代背景和实践条件下去行动起来。

在新的社会条件下，乡风文明建设需要通过教育引导，把社会主义核心价值观真正融入村民的理想信念当中，把“培育什么样的价值观”同“实现什么样的理想”紧密结合起来。开展理论宣讲、调研讨论、主题节庆活动等，引导农民将自己的个人梦与集体梦、中国梦紧密联系起来。通过文化熏陶，把社会主义核心价值观积淀到村民精神生活当中，把“培育什么样的价值观”同“发扬什么样的文化”紧密结合起来。坚持将传统与现代文化有机结合，通过挖掘当地特色文化资源，创造出群众喜闻乐见、寓教于乐的艺术作品，并利用现代新媒体平台对这些展现文化内涵的艺术作品进行广泛宣传。通过实践把社会主义核心价值观内化为村民的行为定式，把“培育什么样的价值观”同“培养什么样的人”紧密结合起来。坚持弘扬勤劳、勇敢、善良、俭朴的传统美德，培育恪守法治、注重公德的现代文明意识，引导农民树立正确的价值观、荣辱观、发展观，巩固农民的社会主义意识形态，消除不良思想和落后观念，使乡村社会文明形态焕发新活力。

（二）保护和传承农村优秀传统文化

中华优秀传统文化的根脉在农村。传承一个国家、一个民族、一个地域的优秀传统文化，是农村的特有功能。要想深入了解一个特定民族的文化，务必前往其农村地区进行考察。

在几千年的漫长生产实践过程中，农民在与自然和社会的接触中不断积累有关人与自然、社会以及人与人之间关系的宝贵经验，形成了一系列实体的或非实体的优秀传统文化。其中宝贵的文学艺术成果、优秀的思想理念以及积极的人生价值观念，凝结了农民在生产实践过程中的思想认识和独特体验。这些农村优秀传统文化是中华优秀传统文化的血脉，滋养着每一个民族成员的心灵。

乡村文明建设和发展所需的文化基础蕴含在农村辈辈相传的优秀传统文化之中。乡村优秀传统文化根植于乡村的土地中。乡村优秀传统文化是广大农民群众的价值立场、价值态度以及真实诉求的载体，其反映着农民群众的深层价值追求和思想特点，对于丰富农民文化生活、提升文化自信具有重要作用。当一种文化反映了人们的生产活动、社会实践以及社会生活的目标和价值观，就会具有强大的内在凝聚力。在相同的族群中，每个个体都会对同胞以及本民族独特文化存在一种天然的认同感，这是因为民族文化的独特性直接作用于个体，让个体直观地感知到自己在独特历史背景下的形象。这种情感不仅可以为个体带来心理上的慰藉，还可以触发人们内心的情感共鸣。因此，文化认同在乡村风貌和文化建设方面扮演着至关重要的角色。

保护和传承农村优秀传统文化，需要深入挖掘村内乡土文化资源，以文化人，以文育人。利用历史名人、红色文化、农耕文化等精神文化资源，激发农民内心的家国情怀与民族精神，农民会逐渐形成普遍一致的文化认同和价值认同；深入挖掘农村优秀的古村落、古祠堂、古城墙等物质文化资源，将农村丰富的物质文化资源与现代文化元素有机结合起来，不仅使优秀传统乡土文化在新时代乡风文明建设中大放异彩，还能有效推动中华优秀传统文化同新时代乡风文明建设相结合；不断丰富农民精神文化生活，举办乡村春晚、文艺会演、农事节庆活动等体现农耕文化、富含农事趣味的群众性精神文明创建活动，切实回应亿万农民群众对美好文化生活的期盼；传承民歌民谣、剪纸刺绣、糖画年画等非物质文化遗产，将农村优秀传统文化嵌入乡风文明建设之中，彰显乡土文化的独特魅力。保护和传承农村优秀传统文化，用中华文化中的核心文化因子唤醒农民的精神印记，提升农民的文化自信，增强农民的主体感、幸福感、获得感。

（三）加强农村公共文化建设

随着农村经济的不断发展，农民的精神文化需求日益增长，文化消费方式发生了深刻变化，对农村的公共文化基础设施及服务水平提出了新的要求。农村公共文化建设是乡风文明建设的重要内容，是实现农民文化权益及满足农民精神文化生活需要的重要载体与基本路径。通过加强农村公共文化基础设施建设，不断提高农村公共文化服务能力和水平，有利于党和国家对农村公共文化服务体系进行引导与治理，让更多农民共建共享乡风文明建设的成果。加强农村公共文化建设是贯彻落实城乡居民公共文化服务标准化、均等化的政策要求，是在城乡融合发展背景下建设新时代乡风文明的一项紧迫任务。

在城乡融合发展的背景下，加强农村公共文化建设需要破除固有的行政壁垒和条块束缚，健全城乡公共文化服务联动机制，提高城乡公共服务资源的综合使用效益。统筹城乡公共文化设施布局，推进基层综合性文化服务中心建设；实施文化信息资源共享工程、数字图书馆推广计划等公共数字文化工程，充分发挥新媒体的作用，打造城乡互联互通的理论宣讲、教育服务、文化服务、科普服务、体育健身等平台，使农民能够便捷地获取优质数字文化资源；开展城乡“结对子、种文化”活动，加强城市对农村文化建设的帮扶，引导优质文化资源和服务向农村地区倾斜，畅通城乡文化资源流动渠道，不断扩大城乡公共文化服务均等化的覆盖面。

（四）开展移风易俗

陋风恶俗是伴随乡村历史发展而产生的，它会随着乡村的变迁而变迁，与当时的生产生活环境有很大关联性。不良乡风的出现如不加以干涉，不会自我纠正或凭空消失，反而会裹挟着农民自觉或不自觉地效仿，会阻碍乡风文明建设。移风易俗是新时代乡风文明建设的主题，也是其面临的紧迫任务。

近年来，全国各地在除生活陋习、树文明新风方面，做了许多工作，取得了明显成效。推进移风易俗，移乡村“讲排场比阔气”的盲目攀比之风，易乡村“鄙俗陋习”，弘扬新风正气，培育文明乡风、良好家风、淳朴民风，仍然是新时代文明乡风建设的重要内容。“移风易俗，民以殷盛，国以富强，百姓乐用”（李斯《谏逐客书》）。无论是赵武灵王的“胡服骑射”，还是秦孝公“商鞅变法”，移风易俗对整个社会文明状况的提升是毋庸置疑的。

摒弃陈规陋习、倡导文明新风是开展移风易俗行动的重要工作。在政府层面，应依照中央及地方的文件对移风易俗工作进行安排部署。成立移风易俗主题教育实践活动领导小组，明确人员构成、职责范围、工作流程，统筹推动移风易俗工作；在社会层面，通过修订村规民约，成立红白理事会、村民议事会、道德评议会、禁毒禁赌会，全面推进摒弃陈规陋习、倡导文明新风工作；在个人层面，党员干部和公职人员带头遵守移风易俗规范，人民群众积极响应号召，树立婚丧喜庆文明新风尚，杜绝赌博、迷信等不良乡风。

（五）改善农民精神风貌

要想改善农民的精神风貌，就必须消除农民的无根感、无力感、无聊感。首先，重塑乡村文化，以乡村文化为链接，将农民的乡愁情结与村庄时空之间建立有机联系，既能激发农民的主体意识，使其主动和积极参与到乡村建设中，又能赋予农民生活全新的价值，使其重新看到生活的希望。其次，要加强乡村思想道德建设。思想道德建设是提高人的精神境界、促进人的自我完善、推动人的全面发展的内动力。只有不断提高农民的思想境界，引导农民树立起正确的价值观念，农民才能拥有实现自我价值的能力。最后，要加快推进城乡公共文化服务一体化，满足农民的精神文化需求，为农民提供一种“低消费、高福利”的生活方式。只有让农民获得主体感、价值感、满足感，他们才会焕发出积极、健康、向上的精神风貌。

（六）提高乡村社会文明程度

良好家风、文明乡风、淳朴民风是农村社会文明程度得以提高的重要体现。

涵养良好家风无疑是提升乡村社会文明程度最基础的层面，因为家庭是乡村社会生活的细胞，家风是家庭的性格与形象，是每一位家庭成员世界观、人生观、价值观的集中体现。好的乡风、民风，应该从好的家风开始。只有乡村社会的基本组成单位健康文明，才能由内向外影响乡风和民风，提升乡村社会有机体的整体文明程度。培育淳朴民风是提升乡村社会文明程度最重要的层面。民风正则民心齐，基层才会稳。传承文明乡风是提升乡村社会文明程度最有效的层面，文明乡风在一定区域内被农民世代相传，具有价值引导、教化群众、凝聚人心的作用。

父母就是孩子的第一任老师，父母的德行对孩子有着潜移默化的影响，涵养良好家风需要父母在日常人际交往中能够树立尊老爱幼、忠义守信、以和为贵、互谅互让的榜样，就必然可以铸就孩子光明伟岸的道德人格，尤其党员干部应带头搞好家风建设，用榜样的力量感染、带动广大群众，引领社会新风尚；培育淳朴民风需要注重传承和发展农村优秀传统文化、加强农村公共文化建设，不断提高农民的思想、文化和道德水平，不断丰富乡村文化生活，形成崇尚文明、崇尚科学、健康向上的良好社会风气，为乡村振兴提供强有力的智力支撑和精神动力；传承文明乡风需要倡导尊老爱幼、邻里团结、诚实守信、遵纪守法、敬业奉献等良好乡风民俗，用文明言行来抵制各种歪风邪气，坚决反对铺张浪费、大操大办等陈规陋习，让农民有情结可安放、有乡愁可寄托，提振农民的精神风貌。以良好家风带动文明乡风，以文明乡风助推淳朴民风，让淳朴民风劲吹广袤田野。

四、乡村文明振兴的发展方针

（一）培育乡村文化

乡村文化反映着乡村居民的道德情感、社会心理、传统习俗、行为方式以及人生追求，揭示了他们对生活和社会的认知模式。其源于长期的农业生产和日常生活的实践经验，并不断受到社会实践的影响和拓展，是逐渐形成和发展的一种文化体系。乡村文化在人们的日常生活中产生，反过来也影响着人们的日常生活实践，是人们日常生活的一个重要组成部分，也是乡村居民的一种精神依托。乡村文化具有独特而深厚的历史和地域特色。它在乡村居民的日常生活中得以传承和发展，通过口头传统、习俗仪式、民间艺术等方式，将道德准则、行为规范、人际关系、婚嫁礼仪、节庆活动等方面的价值观念传承给后代，从而塑造了乡村独特的文化氛围和精神面貌。乡村文化在乡村旅游中具有重要意义。它是乡村旅游的重要资源和吸引力，吸引着游客体验乡村生活。乡村文化的展示和传承，不仅可以促进乡村地区的经济发展和旅游产业的壮大，也有助于提升乡村居民的自豪感和认同感。同时，乡村文化的保护和传承也是重要的文化遗产保护工作，对于维护乡村的独特风貌具有重要的意义。

乡村文化对于民族感情的建立和文化的传承有着独特的作用，在人民群众中有着极其坚实的基础，其独立的价值观体系和独特的社会、精神价值取向在城市和工业文化蓬勃发展的过程中也没有消亡或衰弱，仍然保持着其独有的特点。乡村文化作为一种传统文化形态，承载了丰富的民俗习惯、道德规范、生活智慧和传统知识。它反映了乡村社区的价值观、世界观和生存哲学，代表了乡村居民固有的思维方式和生活方式。乡村文化是乡村社会的精神支撑和凝聚力，承载着乡村居民对家乡的情感。乡村文化在乡村社会中具有稳定社会和传承文化的作用。

要促进乡村文化的发展，需要从个体和整体两个方面采取措施，既要提高乡村居民的个体文化素质，又要推动乡村居民整体文化素养的提升，要加强乡村文化基础设施的建设，例如，建设乡村文化场馆和“农家书屋”等乡村文化载体，稳步推进文化惠民活动，以此推动乡村文化的繁荣发展。打造先进的乡村文化需要基于乡村文明，要重视家风、乡风、民风的培育，积极建设丰富的文化形式，使乡村文化的建设脚踏实地，稳步推进。

（二）以文化铸魂需要接地气

在农村地区，科技文化知识和农村题材影视作品是最深入人心且最受欢迎的文化传播方式，对农民的影响尤为显著。影视剧在传承中华文化、表达时代变革、提升国民素质、丰富人们精神生活等方面具有独特价值和意义。

自中华人民共和国成立以来，涌现了大量以农村为背景的影视剧作品，这些作品把关注点放在了农村社会真实的问题上，表现出对农民深深的关爱之情，站在农民的角度探讨了在改革的浪潮中农村社会所发生的变化以及农民思想和情感的转变。这些农村题材的影视剧具有很好的代表性，这些作品突出了以往及当前农村改革的状况，生动刻画了农民在建设社会主义新农村方面所做出的重要贡献。此外，还能够通过在电视上弘扬正面价值观向观众传递积极的能量和引导社会的主流观念。相关单位要进一步提高影视艺术的观赏性和吸引力，更好地服务于现实生活需求。

当前，中国进入了一个全新的社会主义发展阶段，在这个历史新时期，乡村文化需要满足新的发展和呈现要求。在创作农村题材的影视剧时，首先，创作者应该致力于打造高水平的作品，同时积极探索“三农”主题影视剧的可塑性，以丰富作品的内涵。其次，影视剧创作者要讲述的故事必须是真实的农村故事，所要塑造的人物也应该是具有代表性的正面人物形象，创作者要确保影视剧传达出的思想标准和价值观是正向的、积极的。最后，影视剧也要贴近人们生活，创作者要在农村现实生活中取材，选择的素材要具有乡村生活和人物的共性特征，不能是个别性的、带有强烈个人感情色彩的。

随着乡村振兴战略的不断推进，越来越多的优秀的农村题材影视剧以更深入地了解农民的思维、情感和地方特色为目的，借助符合马克思主义的科学、合理的视角和敏锐的洞察力精准地领会农村生活的本质和现实农村生活中存在的难题，并通过艺术化的表现方式呈现出农民的现实诉求，致力于推广农村文化、促进农村经济和政治建设的良性发展，以促进乡村振兴战略得以顺利实施。这系列作品呈现了中国乡村振兴建设在新时代的巨大进展和农民在推进农业现代化中所做出的杰出成就，能够产生强烈的感染力并引起观众的心灵共鸣，为乡村发展提供精神上的支持和动力。这些作品传达了社会主义核心价值观，能够起到价值引领和精神文明建设方面的作用，对于乡村振兴战略的实施具有重要的现实意义。

（三）以文化铸魂要讲好农民故事

在农村文化建设中，讲好农民故事是非常重要的。无论是通过阅读还是其他文化活动，农民故事都承载着丰富的农村生活经验和价值观念，能够深入人心，激发共鸣，以此提升乡村文化的吸引力和影响力。以影视剧为例，我国的农村影视剧经过了长期的发展和探索，逐渐成熟和丰富。这些影视剧不仅展现和反映了农村生活的面貌和现实问题，更深入挖掘了农民个体的生活经历和情感故事，通过叙事的艺术形式，展现了丰富的农村文化内涵。作为叙事性艺术作品，农村影视剧浸润了叙事性的文学元素。通过具有情节、人物和冲突的故事线索，农村影视剧能够吸引观众的注意力，并传达出深层次的情感。讲好故事是农村影视剧提升创作水平、不断进步的工作重点。农村影视剧可以通过塑造鲜活的角色形象、展现丰富的农村生活场景，刻画真实的社会问题和农民的精神追求，为观众提供沉浸式的文化体验。此外，影视剧的艺术表达方式也在不断创新和探索，更加注重技术手段和叙事结构的统一及提高艺术质量和观赏性。

一部优秀的影视剧作品要能够真实地反映现实生活场景，并依托故事情节和叙事方式展现出生活的本质。要讲好“三农”故事既要将现实乡村生活中的场景、矛盾以及农民的真实诉求表达出来，也要注重作品的深度和广度，要能够反映出乡村故事的共性特征，让人看到本质，给人以理性的启迪和认知。因此创作者必须从生活中获取素材，不能随意虚构乡村和农民的形象，不能简单地描画生活的表面景象，而是要表现更深层次、更重要的主题和意义。影视剧创作者要注意所讲述的故事以及所塑造的主要人物的特点，要能通过作品展现乡村发展的整体特点和前景，这样才能讲好农民故事，受到农民喜爱。

第五节 乡村振兴战略的基础——治理有效

由于传统的人际关系限制，以村民自治为基础的乡村治理体系也有不足之处。因此，乡村振兴战略提出了治理有效的要求。

治理有效是乡村振兴战略的重要内容，是加强农村政治建设的重要保障，是实现乡村秩序安定、农民安居乐业的必然要求。

一、治理有效的国家政策梳理

（一）村庄规划管理力争实现全覆盖

住房和城乡建设部的统计资料显示，截至2020年底，我国共有238万个自然村，有55万个行政村。基于地理、历史、文化传统等原因，无论是行政村，还是自然村，都存在较大的差异。比如，最大的自然村有2720多户，最小的自然村只有8户。

无论人口多少，无论户数如何，一个共性的问题就是村庄建设因缺乏统一规划而导致房屋不够整齐，房前屋后的距离、道路通行条件、树木种植等都有不足。因此，乡村振兴战略提出“村庄规划管理”的要求。

（二）建有综合服务站的村在一半以上

农村综合服务站是一种为当地村民提供全面服务的综合服务管理机构，这个机构的宗旨是服务“三农”，让村民能够更加便捷、迅速地获取信息服务，帮助村民增加收入。该机构提供的服务包括信息咨询、公共服务、培训服务、代理服务和文化服务等。综合服务站能够解决农村居民生产、生活上的诸多不便利问题，使得村民在足不出村的情况下，就能够买到生产所需要的化肥、种子以及其他生产资料，还能购买到生活必需品，极大地便利了农村居民的生产、生活。对于农村居民来讲，建设综合服务站是一件大好事，应当建好，尤其是应当在交通不便、生活条件较差、经济不太发达的地方，要根据农村发展需要和农民实际需求建设好。

（三）村党组织书记兼任村委会主任的比例增加

“两委”是指村党支部委员会和村民自治委员会，虽然两个组织在名称上相似，但它们的性质却是不同的。

村党支部委员会在当地乡村组织和各方面事务中扮演着核心角色，是党的基层组织的一员，代表了党在农村社会的领导力量，能够召集乡村党员和居民共同推进农业的进步，促进乡村振兴。村党支部委员会选举产生的党支部书记负责日常工作。

村民自治委员会是由村民选举产生的群众性自治组织，是村民自我管理、自我教育、自我服务的基层群众性自治组织。在村民委员会的带领下，广大农民群众直接行使民主权利，依法办理自己的事情，创造自己的幸福生活。村民委员会在农村地区的发展中具有举足轻重的地位。村民委员会选举产生的村主任负责村委会的日常管理工作。

一般情况下，村党支部书记和村民委员会主任分别由不同的人担任，但在实践中，由于青壮年劳动力向城市转移，乡村精英外流，乡村治理工作所需要的人才有缺口，也在个别村庄就产生了村党支部书记与村民委员会主任由一人担任的现象，俗称“一肩挑”。这种“一肩挑”由于权力比较集中，能够有效推进农村地区的各项工作。

（四）村规民约作用充分彰显

村规民约是我国各个村落或者行政村为了建设和培育良好的村风、维护村庄的社会秩序和公共道德，根据党的相关政策制度和法律法规等结合本村的实际情况制定的具有一定约束性的规范或制度。村规民约属于本村村民共同制定、共同遵守的村民公约。村规民约不是法律，并不具有法律的强制性，但它根植于农村地区，是大家共同认可并共同遵守的自治性规范，更多是靠道德的约束力实现其作用。

村规民约不是法律，但在农村地区，其具有重要作用。它经村民民主制定，体现村民的意愿，大家依照约定，自觉遵守。村规民约在维护乡村地区秩序、促进农村发展等方面都发挥了突出的作用。

（五）集体经济强村比重有较为明显的增加

农村集体经济是社会主义公有制经济在农村的重要体现，是农村经济中重要的组成部分，关系着整个农村经济发展的大局。集体经济强的地区，农村经济发展水平较高，村民生活比较宽裕，农业现代化水平也较高。

加强对村级集体经济发展的扶持，不断壮大村级集体经济实力，是乡村振兴战略背景下，对农村“统分结合的双层经营”基本经济制度和经营制度的完善，也是推进农业适度规模经营、优化配置农业生产要素、实现农民共同富裕、提高农村公共服务能力、完善农村社会治理的重要举措。通过扶持农村集体经济，能够更好地挖掘农村生产和消费潜力，不断培育农村经济新的增长点，不断促进社会和谐、促进农村地区稳定和发展。

由于经济发展水平和资源分布的不均衡，我国的集体经济强村并不多。因此，财政部专门出台了《扶持村级集体经济发展试点的指导意见》，旨在通过对农村集体经济的扶持培育集体经济强村，发挥其示范引领作用，以点带面，促进农村经济的全面发展。

二、治理有效的意义

乡村社会是整个社会治理中最基本的治理单元，是国家推动现代化治理转型，实现治理体系升级的重要基础。乡村是农民居住生活的地方，在人情往来、利益分配、结构调整等方面，容易产生利益冲突，导致农村社会的安定秩序受到影响。因此，乡村振兴战略提出治理有效的目标，是在社会治理转型背景下构建新型乡村社会治理体系和社会秩序的需要，也是协调利益关系和化解社会矛盾的根本要求，有着重要的意义。

（一）治理有效为乡村振兴战略的实施提供安定有序的环境

乡村治，则百姓安；百姓安，则国家稳。乡村治理在整个社会治理中的地位和作用毋庸赘言。乡村治理有效，会为实施乡村振兴战略提供安定有序的环境，确保乡村振兴各项具体举措能够顺利实施。

政策实施的成效，要通过实践来检验。乡村治理有效，要求农村地区的社会秩序安定，为乡村振兴各项战略和举措的实施提供稳定有序的环境。无论是农业产业调整升级，还是农村产业结构调整转型，以及农民转变思路谋求发展新路径，都需要在安定的环境中才能进行。

乡村振兴战略是包括“三农”问题在内的综合性战略，是涵盖物质文明、精神文明、政治文明、社会文明、生态文明建设在内的综合性战略，这一战略的实施需要在安定环境中坚实推进。治理有效为农业农村发展提供稳定的秩序基础，确保一系列富民政策措施有效实施；治理有效是乡风文明建设的体现，表明了乡风文明建设的程度；治理有效是基层组织建设的重要任务，同样也是基层组织领导和组织实施乡村振兴战略的能力的集中体现；治理有效是乡村社会文明的集中展现，集中反映了乡村社会生态的安定有序；治理有效还集中体现在乡村地区自然资源的保护和有序开发利用，展示出生态文明的发展和进步。

（二）治理有效为农村居民实现美好生活需求提供坚实保障

安居才能乐业。对于农村居民来讲，安全、安稳的生活是他们最需要的，也是他们致力追求的。安定、安稳的生活需要坚实的物质基础，同样需要安全稳定的生活环境和生活秩序。

农村居民对于美好生活的需求，既包括物质上的丰富，精神生活的精彩，也包括在日常生活中的安心、安稳。物质上的丰富解决了农村居民关注的吃饱、穿暖的问题，解决了居者有其屋的问题；精神生活的丰富多彩，极大地丰富了农村居民的业余文化生活，改变了“农忙围着庄稼转，农闲围着牌桌转”的状况，逐渐通过广场舞、农村大戏、文化集市等，使得农村生活更加丰富多彩。而这些都离不开治理有效的坚实保障。

治理有效，强调有一个坚强有力的领导班子，结合乡村自治，在充分发挥德治引领作用的基础上，构建乡村安定秩序。治理有效强调要正视农村地区发展中存在的各种矛盾和冲突，充分发挥乡规民约的作用，在尊重农村居民主体地位的基础上，有效解决或消除各类矛盾。治理有效强调要结合发展、结合产业调整升级促进治理，实现人人有项目，人人有活干，以生产促治理。

（三）治理有效为促进乡村治理向现代化不断转型奠定基础

乡村治理是国家治理的重要内容，关系着农村地区的稳定和发展，关系国家治理基础的强化与巩固。乡村社会传统治理固然有其积极性，并在建立和发展乡村秩序中发挥了突出的作用，但缺乏制度保障和制度约束力。凭借道德约束而实施的管理已经不适合现代社会发展的需求。尤其是在社会转型中，在利益格局发生变化、利益冲突日益增多的情况下，再强调以人情管理、以感召管理，都不太合时宜。现代化的治理必然是有制度保障、有法律规范、有权力约束的治理，必然是连续、全面的治理。

乡村治理强调要建立起综合治理体系，指出要根据乡村社会实际，建立起自治、法治、德治相结合的综合治理体系。综合治理体系的建立，是乡村社会传统治理向现代化治理转型的根本路径。在综合治理体系下，村民自治制度的实践极大地保障了村民在乡村社会治理中的主体地位，能够充分体现其治理意愿，能够充分满足村民当家作主、自己的事情自己说了算的愿望，这就能够极大地激发村民参与乡村社会管理、维护乡村社会秩序的积极性和主动性。法治理念与法治措施的确立与实施是国家法治建设对乡村社会治理提出的根本要求。无论自治的程度如何，都必须保障自治在法治的轨道上健康运行。任何地方、任何人都不得以自治为名，干扰法治、阻碍法治、破坏法治。法治始终是自治制度实践的要求和保障。当然，乡村社会治理还应当立足于本地实际和传统特色，充分发挥优良传统、良好风尚以及模范典型的引领、示范、带动作用，最大程度发挥德治的功能。

（四）治理有效为农业产业调整升级和发展提供了有力支撑

农业产业调整升级和发展，探索新时期农业发展的新路子，是实现乡村振兴的必然要求，也是实现乡村振兴的根本路径。无论何时，农业及其发展都是国家建设和发展的大事，也是农村地区发展的大事。因此，谋求农业产业调整、升级，以适应急剧变化的社会需求，是在乡村振兴战略实施过程中，必须坚持和完成的重大决策。

在农业产业调整和升级中，需要稳定有序的环境，乡村治理有效就承担着这样的任务。这几年的退耕还林、退耕还牧等工作取得了突出的成绩，但也不可避免地对耕地开发者的利益造成了影响，要注重解决好其中的矛盾。还林、还牧后，就必须加强土地修复和治理，充分挖掘土地的效益。此外，农村地区生态环境治理同样是助力农业产业调整升级的重要内容，其中牵涉的范围更广。对农村地区的资源开发和利用，要协调好开发利用与保护修复的关系。其中会涉及投资者、农民等多方主体的现实利益，尤其是经济利益。治理有效就既要保障能够促进农村生态保护，为农业产业调整升级提供坚实的物质基础；还要保障整个社会秩序安定、平稳，为农业产业调整升级、农村地区的发展和振兴提供良好的社会环境。

三、治理有效目标的实施路线

治理有效不仅是国家有效治理的基石，也是我国社会建设的基石，更是乡村振兴的基石。乡村治理有效，意味着乡村秩序稳定。如何实现乡村治理有效的目标，党的十九大报告提出了明确的要求：加强农村基层基础工作，健全自治、法治、德治相结合的乡村治理体系。

自治、法治、德治相结合的乡村治理体系，是实现乡村地区治理有效目标的根本途径，也是乡村地区经济社会发展的需求。这一治理体系中，自治是基础，法治是前提，德治是保障，三者结合是解决乡村经济社会发展中出现的问题的根本途径。

（一）坚持村民自治的治理基础

村民自治制度，是农民解决农村经济社会发展中出现的问题的自发性探索。村民自治是农村居民在党的领导下，直接行使当家作主的民主权利，依据法律法规，管理自己的事情。根据村民自治制度的要求，村民自治以“四个民主”为基础，即民主选举、民主决策、民主管理、民主监督，从而实现对农村事务的自我管理、自我服务、自我教育。

村民自治实践对于农村事务的处理发挥了重要作用，有效地建立起农村社会秩序。村民自治的实践是乡村治理的主要形式，要按照法律要求，在党的政策指引下，解决农村的诸多问题。

坚持村民自治的治理基础，是尊重农村居民的主体地位的体现。农村居民对农村事务最为熟悉，也最为关注。农村居民的主体地位，体现在对农村事务的处理，体现在对自身利益的决定。无论是党的政策的执行，还是法律法规的实施，都需要村民自治实践的支持和保障。

坚持村民自治的治理基础，是发挥基层民主的主要途径。村民的事务应当由村民自己来解决，在村民无法解决或者没有能力解决的情况下，才由政府介入。同样，在实施乡村振兴战略时，在农业发展、农村振兴中，同样要充分发挥基层民主，根据村民的意愿开展乡村秩序治理，建立起乡村安定、团结的稳定秩序。

（二）坚持法治思维，为乡村振兴战略提供法治保障

村民自治是实现乡村振兴战略的政治基础，法治则是实现乡村振兴战略的坚强保障。在全面推进依法治国的进程中，村民自治必须在法治的框架内进行；同样，乡村振兴战略的实施同样需要有法治提供保障。

实施乡村振兴战略，需要安定、有序的环境，这是乡村振兴有效实践的必然要求。乡村振兴战略擘画了宏伟蓝图，提出诸多目标，这些目标的实现需要对农村的结构进行调整，需要对农村地区既有的经济结构进行调整，这不可避免地会产生一些冲突或者纠纷。这些问题，如果能够通过村民自己协商解决，或者基层政府调解来解决是最好的。如果不能，应当通过法律手段解决，消除存在的问题。

此外，在实施乡村振兴战略时，战略的组织和实施也需要坚持法治思维，依法组织实施各项工作，不能简单地命令或者通知，甚至用强制性手段去实施。此外，固然可以通过村规民约规范乡村社会的秩序、规范农村居民的行为，但更要保证法律的权威，一切都要通过法律规范自治和乡风民俗，通过法律制约违法违规行为。

（三）坚持发扬德治，以道德促进乡村治理

道德传统在乡村地区有深厚的生存和发展土壤，这是由农村地区的淳朴乡风决定的。在实施乡村振兴战略过程中，在实现乡村有效治理的目标时，更要注重培育浓厚的道德氛围，不断促进乡村治理。

乡村地区有淳朴乡风，有良好的德治传统。很多地区都比较注重德治功能的发挥，突出的就是以评选新乡贤的方式促进乡贤文明在乡村地区开花结果。乡贤在乡村振兴战略中，在实现有效治理目标时，有着重要作用。乡贤在乡村社会拥

有良好的道德感召力。[①] 乡贤通过自身的品行，通过对生产、生活的身体力行，在乡村社会中产生具有积极意义的示范带动作用，能够为淳朴乡风的培育提供助力。

良好的乡风、民风会促进乡村社会治理，也有助于乡村振兴战略的实施。因此，在乡村振兴战略实施中，在治理有效目标的实现中，通过培育乡风、民风，促进乡村有效治理目标的实现。具体来说，通过乡贤的示范，培育乡风、民风；通过评选好村民，培育乡风、民风；通过弘扬孝贤文化，培育乡风、民风。通过良好的乡风、民风，引导农村居民在生产、生活中，自我约束，自我教育，实现对乡村社会秩序治理的有力推动。

（四）加强监督，以监督促进乡村有效治理

习近平总书记指出，要把权力关进制度的笼子里。在乡村治理有效目标实现中，要注重加强监督体系的建立，从乡村振兴战略实施之初，加强对战略实施与管理，加强对资金的分配和使用，加强对乡村结构调整等诸多方面的监督。毕竟，再好的战略部署，再好的治理方案，都需要有效的监督制度作为保障，以法律、纪律作为治理后盾，以监督促治理。

一要加强对基层党组织和村民委员会的监督。虽然这些组织行使的职权不是国家权力，但这些权力却掌握着乡村资源及分配，因此成为群众关注的重点，只有把这些人、这些组织纳入监督体系中，接受来自基层政府、政府职能部门、司法机关、农村居民的实实在在的监督，他们手中的权力才不会被滥用，才不会出现公权私用的情况，否则就不免产生对群众权益的侵害，甚至为祸一方，不仅无助于乡村振兴，还会成为法治社会的毒瘤。

二要加强对农业资金和农村集体经济的财政审计。实施乡村振兴战略，会有财政投入和支持，会有资源调配和使用。这些事情，绕不开基层党群组织，必须由他们来组织实施或者需要他们的协助。只有加强财政审计，以法律、纪律高压线为保障，才能保证党和国家的富民政策真正落到实处，才能保证农村居民在乡村振兴战略中得到实惠。

① 刘昂．新乡贤在乡村治理中的伦理价值及其实现路径[J]．兰州学刊，2019（4）：165–172.

第四章　乡村振兴战略背景下乡村旅游业研究

本章对乡村振兴战略背景下乡村旅游业进行了研究，包括以下四个方面：乡村振兴战略背景下乡村旅游业发展现状、乡村振兴战略背景下乡村旅游业发展的新路径、乡村振兴战略背景下乡村旅游的智力扶贫以及乡村振兴战略背景下乡村旅游合作社的发展。

第一节　乡村振兴战略背景下乡村旅游业发展现状

在乡村发展旅游业，对农村经济建设具有很好的推动作用，它能使农民致富，使农村产业升级，使农村更好地发展。想要实现乡村振兴，发展乡村旅游业是最佳方式之一。本节全方位分析乡村振兴战略背景下发展乡村旅游业的意义与条件，提出了发展中存在的问题，并总结出发展乡村旅游业的途径和保障措施。

一、乡村振兴战略背景下发展乡村旅游业的意义

（一）推动农业技术进步

发展农村旅游业能够有效推动农业技术的进步。因为要提升农村旅游业的吸引力，就需要采用先进的科学技术引进观赏类植被，在传统的农业种植基础上进行升级改造，这样既有助于提升农村旅游的观赏体验，为农村旅游业带来新的活力，也能促进农业的转型升级，推动农村经济的快速发展。因此要在农村开发旅游业，就要在增强农村产业项目的旅游能力方面下功夫，不断扩大旅游区域，增建旅游景点，采用先进的农业技术推动旅游业发展。

（二）提高农民收入

通过大力发展农村旅游业，可以促进农村经济转型升级，有助于推进乡村振兴战略的实施，在推进产业升级转型的同时也能实现农民身份的转换，使其从劳动者转变为服务者。在乡村发展旅游业需要大力开发旅游项目，这个过程中不可

避免地会占用一部分农业用地，农民能够由此获得相应的收益，这样既能增加收入，也能实现身份转换。在农村开发旅游业能够有效提高农民的生活质量，也在一定程度上有利于提高农民的文化水平。

二、乡村振兴战略背景下发展乡村旅游业的条件

要促进乡村旅游业的发展，需要对产品、基础设施、人才以及经营模式等多个方面进行综合性考虑。在发展乡村旅游业的过程中，政府的支持具有重要意义。在实际的乡村旅游业开发过程中，存在许多需要解决的难题，如旅游设施的配备、服务水平的提高、旅游项目的开发等。要解决这些问题，需要开发创新旅游产品、加强基础设施的建设、培养专业人才、整合管理方式并塑造品牌形象。政府要在乡村旅游业开发的过程中发挥应有作用。首先，政府要积极吸引开发商为乡村旅游业的建设投资，实现农村旅游基础设施的建设和配备，为之后旅游产业的开发与发展打下坚实的硬件设施基础。其次，政府要专门为乡村旅游业发展引进专业人才，引导大家科学合理地发展旅游业，不断提升乡村旅游服务水平。最后，政府要采取相应措施对乡村民俗文化进行保护和传承。当地的民俗文化是开展旅游业不可或缺的一种旅游资源，政府不仅要对当地的民俗习惯和传统技艺进行整合归纳，还要采取各种传播途径进行推广，宣传当地的文化特色，推动旅游业的发展，促进当地经济的繁荣。

三、乡村振兴战略背景下乡村旅游业发展存在的问题

（一）对乡村旅游项目建设缺乏统一规划和管理，没有树立独特的品牌形象

乡村振兴战略的实施已经显著促进了乡村旅游业的发展，但还需要进一步应对一系列挑战和解决一系列难题。目前乡村旅游业发展中存在的问题从整体上来看主要是建设水平滞后、旅游和公共服务设施不足。这是由于乡村旅游项目缺乏整体规划，多数采取分散式开发，缺乏布局的统一性，并且旅游项目缺乏明确的策划方，这些因素使得乡村旅游业的发展受到了一定阻碍，品牌形象的塑造也失去了独特性。

（二）乡村旅游产品缺乏特色，同质化严重

目前，大多数农村旅游项目都还处于初始的开发阶段，在建设上存在较为严重的同质化现象。乡村旅游产品缺乏特色，普遍还是自产自销的农家乐或民族菜

品，对于游客吸引力不足。此外，旅游活动也普遍都是采摘、钓鱼、观赏等，民俗文化活动和农耕文化活动很少涉及，阻碍了乡村旅游业的发展。

（三）缺乏乡村旅游管理方面的专业人才，旅游项目缺乏创新性

由于乡村缺乏相关的专业人士指导，乡村旅游项目开发不足，缺乏独特性和创新性，有些乡村旅游项目已经十分陈旧。农村旅游从业人员主要来自当地，未接受过专业培训，专业水平有限，阻碍了乡村旅游业的发展。因此需要培养一批优秀的专业人才才能促进乡村旅游业持续、健康地发展。当前乡村旅游专业人才培养缺乏统一、系统的专业培训机构，人才培养力度不够，无法满足乡村旅游业发展的需求。

四、乡村振兴战略背景下乡村旅游业发展的途径

（一）大力发展生态旅游

乡村文化是中华优秀传统文化的重要组成部分，是一种重要的乡村旅游资源，将其作为旅游业发展的核心能够有效促进乡村旅游业的发展，拓宽乡村旅游业的发展空间。要大力发展生态乡村旅游，就要结合市场需求积极开发具有鲜明文化特色的旅游产品，充分发掘农村的特色文化和生态资源，加大对乡村旅游自然风光和民俗文化等特色的宣传。此外还要注意乡村基础设施的建设，例如，农村的道路修缮，要努力改善农村的交通状况才能推动乡村旅游业的发展。

（二）积极开发乡村休闲农业

休闲农业是一种新型的农业生产形式，旅游者通过欣赏农业景观、体验农业生产活动等方式进行休闲和娱乐。乡村休闲旅游是利用农业生产、农村生活和生态环境等方面的优势，结合现代科技手段，为游客提供全面、多元的旅游服务，其能够充分挖掘出乡村地区的农业资源潜力、改善农业生产环境和发展结构并加快乡村富裕。中国的乡村地区拥有大片的土地和令人叹为观止的自然美景。为促进乡村振兴，可以聚焦农村独特的地域文化和特色资源，巧妙地开发创新旅游项目，并持续推进休闲农业的发展，以便让游客在旅途中不仅能够欣赏美景、采摘农产品，还能近距离地感受农耕文化，让他们充分地享受乡村生活的乡土情趣。此外，还需建设相关的住宿和休闲设施，满足游客的基本生活需求。

（三）开发乡村景观农业

乡村景观农业项目主要为游客提供的是农业体验，结合农村的自然景观特点建设以田园风光为主题的景观，能够有效凸显乡土特色，吸引更多的游客前来观赏。

（四）不断发展乡村旅游业

要不断发展乡村旅游业，就要不断开发新型旅游项目和旅游产品，充分利用乡村的文化特色和自然特色，依托乡村振兴战略的实施努力打造全新的乡村旅游业态，要积极建设以乡村文化为特色的文化娱乐项目和场所，打造各种主题的乡村旅游景点和旅游路线，致力于提升游客的游玩体验。

五、乡村振兴战略背景下发展乡村旅游业的保障措施

（一）政府部门的大力支持

政府在乡村旅游的发展过程中具有重要作用，要实现乡村旅游业的持续、健康发展，政府要基于乡村振兴战略为乡村旅游业提供大力支持。相关政府部门要对旅游区的统一管理和开发制定相应的制度，加大对乡村旅游业的资金和政策支持力度，对乡村旅游用地的规范措施和乡村旅游业税收优惠政策加强落实和监管，简化乡村旅游业经营主体的手续办理流程。这些措施将有助于促进乡村旅游业的繁荣，使乡村旅游业得以可持续发展。

（二）解决资金短缺问题

乡村振兴战略的推行为乡村旅游业的发展奠定了基础，同时也为促进该产业的发展提供了良好的契机。要在农村发展旅游业，必须投入大量的资金、资源和人力。目前乡村旅游业发展面临的最大问题是资金不足，为了缓解农村旅游项目建设资金短缺的问题，政府应采取积极的措施，如吸引更多的个人投资项目进农村，并采取招商引资的方法促进乡村融资，以解决乡村旅游业发展的资金短缺问题。

（三）加大对专业人员的培训力度

乡村发展旅游业的过程中普遍受到乡村经济滞后、基础设施缺失和人才短缺等因素的影响。专业人才的短缺会导致乡村服务水平不高，影响游客的旅游体验。

因此建立一支具备专业知识和专业素质的旅游服务队伍是当前乡村旅游业发展的必要任务，可以直接对本地旅游从业人员进行培训，加大培训力度，提升他们的旅游服务意识。

在乡村振兴战略的推动下，要促进乡村旅游业的繁荣，需要将当地自然美景、文化特色和特殊农业资源有机融合，丰富乡村旅游的内涵，探索多种开发方案，最终达到旅游收益和文化传承的双重目的。

第二节　乡村振兴战略背景下乡村旅游业发展的新路径

乡村旅游业与乡村振兴战略存在着耦合联动关系，乡村旅游业落实乡村振兴战略，乡村振兴战略助推乡村旅游业发展。自 20 世纪 80 年代以来，我国乡村旅游业经历了从无到有、从弱到强、从小到大、从一元到多元、从自发到自觉、从无序到有序、从异步到同步的发展历程。

中国特色社会主义已经步入新的发展阶段，党的二十大报告提出，全面推进乡村振兴。乡村产业的发展是实现乡村振兴的重要推动力，要加快乡村经济转化就要不断深入挖掘乡村的生态资源，将乡村旅游业作为推动乡村振兴战略实施的主体产业。乡村旅游业是一种新型的乡村产业，能够有效推动乡村农业功能的转换、农村基础设施的建设以及农村自然生态环境的开发与保护，对于增加农民就业机会、提高农民收入有重要的推动作用。它能够有效缓解城乡发展不均衡的问题，与乡村振兴战略相辅相成，对于乡村振兴战略的实施具有强大的推动力。随着乡村振兴战略的不断深入推进，乡村应跟上时代发展的步伐，在政府不断加大政策支持力度的机遇下积极构建乡村旅游新格局，主动采取措施解决旅游业发展过程中的问题，促进乡村旅游业的持续健康发展。

一、乡村旅游业与乡村振兴战略的耦合联动

（一）乡村旅游业落实乡村振兴战略

乡村旅游业通过实现农业现代化和推广绿色生态饮食、家庭式民宿、地方特色文化、农家乐等旅游产品，将乡村的生态资源转化为旅游经济资源，促进乡村经济的快速发展，帮助农民脱贫致富。这样一来，乡村振兴战略就能够从多个方面得到落实。

1. 有利于优化农村产业结构，拓宽农业功能

随着乡村旅游业的快速发展，传统的农业种植方式已经无法满足经济发展需求。因此，多功能现代农业逐渐兴起，以适应不断变化的市场需求。当前，各类新型旅游活动应运而生，这些项目的目的是改善传统农业现状，推动农村产业升级和结构调整。新型的旅游项目包括蔬果采摘、民俗体验、低碳体验、原始部落体验、劳动教育等，这些项目都有助于乡村旅游的发展。

2. 有益于建设美丽乡村

乡村旅游业有益于美丽乡村的建设，既能有效提高农民的自然生态环境保护意识，又能促进健康乡村社会人文环境的形成。为了推动乡村旅游业的发展，乡村不断加强基础设施的建设，在道路和交通设施等方面的建设有助于创造畅通的交通条件，有助于乡村各种产业的发展。此外，优美的自然生态环境、传统的乡土人文风情以及不断发展的地区经济使得农民更加积极主动地参与到乡村旅游业的发展中来，有利于乡村旅游业的持续良性发展。

3. 有助于传承乡土文化

乡土文化是源自乡村的珍贵文化遗产。为了确保乡村振兴战略的有效实施，必须高度重视乡土文化的保护和传承，这是不可或缺的重要任务和核心环节。农村的衰落不光体现在破旧残落的房屋和道路上，也表现在乡土文化、民俗传统、经典故事以及精湛手艺等乡土文化的逐渐消亡上。乡土文化是乡村精神的重要组成部分和外部呈现方式，能够满足城市游客的精神消费需求，是促进乡村旅游业发展的一种重要旅游资源，能够有效吸引游客，促进乡村旅游业的发展。要将乡土文化这一资源合理利用，就要在旅游项目和产品的开发中加强乡土文化的融入，通过加强农民的乡土文化自信来激发农民传承、保护、创新传统乡土文化的积极性和主动性，有效传承乡土文化。

（二）乡村振兴战略助推乡村旅游业的发展

《中共中央国务院关于实施乡村振兴战略的意见》指出，为了促进乡村振兴战略的实施，应加大对乡村旅游业发展的支持，倡导绿色生态发展，将乡村的自然生态资源转化为促进当地产业发展的经济效益。为了推动乡村旅游业的发展，我们需要积极推广优质的乡村旅游计划，并注重发展特色旅游项目，如农业休闲观光、健康养生和民俗村落等，这些措施将有助于提高资源整合和产业升级的水平，为乡村发展带来新的动力。乡村振兴战略的持续推进为乡村旅游业的发展带

来了前所未有的机遇；乡村旅游业有了坚实的制度保障和良好的发展空间，能更好促进乡村振兴战略实施，二者相辅相成，相互促进。

1. 有助于保护乡村的自然生态环境，助力乡村旅游业发展

乡村独特的优势和竞争力在于其拥有比城市更适宜居住、更具生态优势的自然环境。这种自然环境不仅是乡村的珍贵财富，也是其独特的卖点。生态宜居的自然环境是一种促进乡村旅游业发展的重要资源，是发展乡村旅游业的重要基础和基本前提，是旅游区能够吸引顾客前来游览的保障。乡村振兴战略的实施强调绿色发展、生态发展，坚信“绿水青山就是金山银山”，始终将环境保护放在发展的首要位置，在发展乡村旅游业的同时注重乡村绿色发展，要严厉打击任何严重污染生态环境的行为，守好生态红线，防止经济发展对环境保护产生消极影响，要不断推动农村产业的升级更新，推广绿色发展形式。

2. 有助于完善农村公共服务体系，切实保障乡村旅游业发展

近年来，乡村旅游产业迅速发展，涵盖了食宿、休闲、娱乐、交通和购物等多种旅游元素，成为一种集多功能于一体的产业。为了推进乡村旅游业蓬勃发展，必须在多方面做好充分的准备。要积极建设乡村基础设施，为游客提供优良的公共服务；要修缮农村道路，创设良好的交通条件；要引进一批专业人才，形成一支科学素质水平高、专业能力强的管理队伍；要建成健全的信息网络，依托互联网技术协助产业管理；要采用各种方式积极吸引投资，形成坚实的资金保障。这些措施是乡村旅游产业持续良性运行的重要条件。

为了实现乡村振兴战略的目标，我们应当坚定不移地走中国特色社会主义发展道路，在发展农业农村方面下大力气，积极解决“三农”问题，推进农业产业的繁荣发展，提高农村的就业吸引力，同时努力创造宜居宜业的美丽乡村环境。为了实现乡村振兴目标，需要采取多种举措，在人才培养、队伍建设和公共服务等方面加以改善，加快农村农业转型，加大资金投入力度。乡村振兴战略的实施为乡村旅游行业提供了政策、财务、人才、设施、服务等方面的有力支持，有效保障了乡村旅游行业的可持续、健康、良性发展。

二、乡村振兴背景下乡村旅游业发展的路径转型

（一）从“重金山”到“重青山”：树立绿色发展理念

如果说人类历史发展过程中经历的文明是有颜色的，那么农业文明就是黄色

的，工业文明是黑色的，而如今发展所强调的生态文明则是绿色的。当今时代的发展潮流和历史发展的必然趋势就是要积极推动绿色发展，致力于生态文明建设。由于我国经济的快速发展过程中引发了许多环境问题，中央政府越来越重视环保和生态文明建设。2013 年，习近平总书记提出了绿色发展理念，强调实现经济的持续繁荣和发展不应以损害自然环境为代价，必须注重环保和生态建设。为了促进农业和工业经济的共同发展，我们必须坚定推行绿色发展理念，在发展旅游经济时同样要贯彻落实这一理念。绿色发展是乡村振兴的必然选择，只有可持续发展才能实现乡村的长期繁荣。乡村旅游产业的发展与乡村振兴战略的实施是相互关联的，只有坚持可持续发展的理念，才能使二者都获得持续稳定的发展动力。保护乡村自然生态环境是维护乡村生产力的基础。要推动乡村振兴和发展乡村生产力，必须持续改善乡村自然生态环境。农村的核心竞争力在于其拥有独特的绿水青山资源。农村具备许多基本和关键的旅游元素，这些元素是吸引游客前往乡村旅游的重要因素，并且对于促进农村旅游业的发展具有不可或缺的作用。长期以来，乡村旅游业一直存在着许多问题，如过度开发、盲目发展、环境污染和生态破坏等。舍弃自然生态环境而单纯追求经济效益的做法是不科学的，要实现经济的可持续发展离不开良好的自然生态环境。如果想让乡村旅游业健康、可持续发展，就必须保护并改善原有的自然生态环境，使其呈现绿色、健康的发展状态。只有保护好自然环境，才能获得更多的经济效益，这一点在乡村旅游业的发展中尤为重要。

（二）从“卖风光”到“卖风情”：注重自然与人文的并存

在旅游学和地理学的知识体系中，风光和风情的概念和内涵是存在很大差别的。风光通常指自然美景，描述的是未经人为干扰或毁坏的高山、峡谷、湖泊、森林和瀑布等原始自然景观；风情则强调在表现自然景观的同时加入社会人文元素，以展示人类认识自然、改造自然的主观能动性和积极作为，从而赋予自然人文价值。乡村旅游景观是乡村发展旅游业的重要资源，其既包括乡村的自然生态环境，也包括乡村独特的乡土人文景观。要使乡村旅游业实现可持续发展，就要注重自然景观和人文景观的相互促进，二者有机结合才能发挥出最大价值。

问题在于，到底是自然景观更重要还是人文景观更重要呢？在乡村旅游资源中，游客通过观赏自然景观能够实现最基本、最低层次的旅游需求的满足，但是要想满足游客更深层次、更高端的消费需求，人文景观是必不可少的。乡村的自然景观是天然存在的，难以人为改变，因此对乡村旅游业发展的促进作用是较为有限的，只有自然景观而不注重人文景观建设的旅游区在发展上会有很大的局限性。而乡村的人文景观相对于自然景观来说更具有人为干预的可控性，这对于乡村旅游业而言意味着无限的发展潜力。即使自然景观匮乏，也能通过积极作为和不断创新在乡村打造出色的人文景观，也能很好地促进乡村旅游业的繁荣发展。这符合全域旅游的发展理念，强调了旅游业发展的全面性和多样性。乡村旅游需要更多的吸引力，仅依靠自然生态环境已经无法满足游客的需求。乡村旅游在竞争激烈的市场中应该注重保护环境，维持生态平衡，并积极开发具有当地人文特色的旅游产品，以吸引更多的游客，带动乡村的经济发展，实现乡村振兴。

（三）从“种庄稼”到“种文化”：坚持融合发展原则

旅游所满足的是人的一种内心需求，旅游的发展离不开文化，文化作为旅游的根本，对于旅游业的发展具有决定性作用。旅游业的繁荣发展离不开文化的支持，维护和传承优秀文化是旅游业实现自我保护和可持续发展的必要条件。如果优秀文化被遗忘或受到破坏，就会对旅游产业造成负面影响。对于乡村旅游业的发展来说，维护和传承优秀文化是非常关键的，为了实现乡村旅游业的可持续发展，需要打破传统的发展思维，加强文化建设，同时保护和发扬当地特有的传统文化，并在此基础上积极研发和推广丰富多样、具有显著特色的文化产品，以形成“种文化”的可持续发展模式。

为了推动乡村振兴，我们应该采用融合发展战略，将不同的资源（如资本、技术、人才等）引入农村，建立现代化的农业产业体系，促进不同领域的发展相互融合，实现农村经济的多元化转型，优化产业结构，全面推动乡村经济发展。当前乡村文化包括传统历史文化和现代新兴文化两大部分，前者指的是乡村当地的民俗风情、传统手工艺、传统舞蹈音乐以及各种古建筑，后者指的是随着时代的发展产生的一系列新型节日庆典和娱乐活动，例如，美食大赛、才艺表演等。

在乡村旅游业的人文景观建设中，既要重视传统优秀文化的传承，又要注重现代新兴文化的传播，也就是说，既要传承，也要创新，这也是实现从“种庄稼”到“种文化”转变的要求。在挖掘乡村优秀传统文化的同时也要使其跟随时代发展，对于那些即将消亡的传统文化要批判性地继承，优秀的文化就采用活态方式保护起来，落后的文化就要及时舍弃。此外，还要对乡村传统文化进行创新，不但要在旅游体验项目和旅游产品等方面进行现代化创新，在宣传方面也要紧跟时代步伐，采用网络营销、主题开发等手段不断推广乡村旅游业，将其推入更大的发展市场，获得更多关注，进而促进乡村旅游业的快速发展。

（四）从“当配角”到“唱主角”：遵循农村发展规律

农村是农民的生存场所，是属于农民的，反过来，农民是农村的居民，也是属于农村的。农村与农民是密不可分的，彼此相互依存、休戚相关。

要实施乡村振兴战略并发展乡村旅游业，我们需要与农民建立亲密关系，始终将农民的利益放在最为重要的位置，要信赖农民、依赖农民，为其提供必要的服务，使农民积极参与乡村建设，自觉遵守村规村纪，建设良好的精神文明体系。在农村发展建设中，要加快农业结构升级和优化，推进乡村产业融合，致力于提升农民的收入水平。

乡村旅游业的发展要将农民的利益放在首位，任何时候都不能将农民排除在外，无论是规划、投资还是开发，任何行为都不能作为损害农民利益的借口和理由。在乡村旅游业发展过程中，必须秉持尊重农民、保护农业的原则，切实防止损害农民利益的行为发生。农业、农村和农民三者在乡村文化中密不可分，彼此相互交织、有机融合。如果农民与乡村旅游脱钩，后者就很可能流于形式，变得过于虚浮做作，失去了根基和持续发展的生命力。实现乡村振兴需要综合考虑各种促进乡村发展的因素，同时，在实践中应遵循乡村发展的规律，注重农民的权益保护。尽管外来资本对乡村旅游业有一定的推动作用，但是要注意资本并不能完全代替本地居民的生产力。一些地区目前采取强制搬迁的方式，将传统村落居民的房屋出租给外地人或企业来经营，然后请人“表演”传统文化和手艺，或者进行大规模开发建设，重新构建景区，原有的自然景观遭到巨大破坏。这些做法与乡村振兴战略的理念背道而驰，不仅不能有效地保护、传承和创新乡村文化，也给乡村旅游业的健康、稳定和可持续发展带来负面影响。

要把农业劳动生活转化为旅游服务和开发经营，就需要将农民和旅游从业者紧密联系起来。采用这种方法能够充分挖掘农村旅游业的巨大潜力，激发农民积极参与旅游开发和传承本土文化的热情和主动性。采用该模式能够有效促进乡村旅游业的持续、健康发展。

第三节　乡村振兴战略背景下乡村旅游的智力扶贫

旅游扶贫是推进乡村振兴战略实施的重要路径之一。由于在乡村旅游业的资源开发和产业管理过程中缺乏专业人员的指导和帮助，本地旅游业从业人员缺乏专业知识和专业技能，所以旅游智力扶贫是乡村旅游扶贫工作中的关键问题。乡村振兴战略的实施也应关注乡村旅游智力扶贫工作的开展，具体应做到：使村民意识到发展旅游业能够带来良好经济效益，帮助乡村居民领悟通过发展旅游业致富的成功要诀，使乡村居民掌握通过发展旅游业致富的具体技能。乡村旅游智力扶贫的实施路径为通过旅游景区带动乡村社区发展、通过旅游发展带动乡村居民致富和实施旅游人才输入政策。

我国一直把乡村地区作为发展建设的重要区域，先后实施了“社会主义新农村建设”“美丽乡村建设”等，而后更是提出并实施了“乡村振兴战略”，这些措施旨在促进全国乡村地区的发展，且对于全民脱贫致富也是至关重要的。乡村振兴战略是在2017年党的十九大报告中正式提出的。2018年初，中央政府颁布了《中共中央国务院关于实施乡村振兴战略的意见》，并在全国范围内积极宣传和贯彻该战略。之后，国家旅游局、国务院扶贫开发领导小组办公室又发布了《关于支持深化贫困地区旅游扶贫行动方案》，着重加强对深度贫困地区的扶贫工作，有效提高了对旅游扶贫的支持程度。乡村旅游前所未有的发展机遇得益于乡村振兴战略的全面推动。积极推动乡村旅游业的发展，不仅是落实乡村振兴战略的重要途径，也是助力贫困地区实现脱贫致富的主要方法。目前，我国政府非常重视在乡村地区开展旅游扶贫，并将其视为推动脱贫攻坚和促进乡村振兴的重要途径。

一、乡村振兴战略背景下乡村旅游智力扶贫的重要性

在乡村旅游扶贫计划中，智力扶贫是不可或缺的一环，它已经成为农村居民实现全面脱贫和促进乡村振兴的重要推动力。国家提出乡村振兴战略规划后，各主管部门和地方政府开始制订适应当地情况的乡村振兴计划，以实践乡村振兴理念、促进不同地区和产业领域的发展为目标，这有望进一步解决城乡发展不平衡、乡村发展落后以及农民需求无法满足等问题，为乡村振兴创造了很多机遇。乡村地区往往将旅游业视为促进整体产业发展和增加综合效益的优势产业之一。发展乡村旅游业成为许多乡村地区推进乡村振兴战略首选的途径之一。乡村旅游业的持续发展需要有一支专业人才队伍来负责旅游的开发和管理工作。为了在贫困的乡村实施旅游扶贫计划，必须确保当地居民掌握旅游的开发和经营管理技能。由于缺乏旅游开发和管理方面的专业知识和技能，许多乡村居民在实际操作中常常面临对自身不利的情况。许多乡村居民对投资农村旅游行业抱有积极的想法，但他们缺乏对于旅游业规划和管理的深入了解，使得他们担心自己的投资可能无法取得预期的回报。因此，他们对于此类投资持谨慎的态度。

乡村旅游扶贫的成功关键在于采取“开发式”扶贫方法，而资金和物资只是其重要的支持手段。这就要求我们为乡村居民提供相关的旅游开发和运营技能培训，以增强他们参与乡村旅游产业发展的热情和信心，从而实现通过旅游开发带动乡村发展，促进扶贫攻坚。政府应该以帮助乡村居民学习乡村旅游开发和运营的科学方法为主，而非仅仅提供资金支持。通过专业培训，可以向乡村居民传授关于乡村文化旅游、社区旅游开发、优质旅游接待等方面的专业知识，有助于提升游客的旅游体验，同时改善旅游地的人文环境和形象。要实现乡村旅游的发展，并为乡村振兴做出有力贡献，就必须加强乡村居民在旅游生产方面的软实力，提升他们在旅游经营方面的能力。

二、乡村振兴战略背景下乡村旅游智力扶贫的关键内容

“人、地、钱”是乡村振兴战略成功的关键要素，必须全面把握并做好相关工作。这里要讨论的“人”指的是居住在乡村的居民。“地”所指的是包括自然地理要素，如土地、山川、水系等，人文地理要素，如村庄、城市、农田和农业等在内的多种地理要素。“钱”指的是公共财政和社会资源向农村地区和农民的投入。推进乡村振兴战略时，为实现乡村旅游扶贫，应集中注意“人”的问题，采用旅游智力扶贫措施。为了在旅游扶贫中取得预期效果，我们需要抓住关键节点，并掌握重要的智力扶贫内容。只有找到正确的发力点，才能够达到有效的扶贫效果。在促进乡村旅游智力扶贫方面，需要关注三个重要方面：首先，要加强教育，提高农民的意识素质，引导他们认识到发展旅游业可以致富；其次，从宏观角度入手，帮助农民了解如何通过发展旅游业致富；最后，为当地农民提供实际技能培训，帮助农民通过发展旅游业增加收入。

旅游智力扶贫的初衷是激发乡村居民的“思维变革”，提振他们对于“旅游业致富”的信心，鼓励他们持续更新自身的传统观念。首先，需要社会各方通力合作，支持基于当地资源、地理位置和市场基础的乡村旅游扶贫计划。这一计划旨在促进乡村经济和社会持续发展，帮助当地居民发展本地化旅游产业，从而实现脱贫致富的愿望。在进行精神扶贫的过程中，特别需要让乡村居民相信发展旅游业是一条有效的脱贫致富之路，并积极参与旅游业的发展，努力成为旅游服务的重要组成部分。其次，需要向乡村居民传递一个重要信息，即只有经过精心策划和管理，才能成功地发展旅游业。必须使乡村居民认识到旅游业是一个需要精心经营和采用科学合理的发展与管理方法才能取得经济收益的行业。若打算从事

乡村旅游行业，就需要对旅游市场有深刻的了解，始终保持真诚的经营态度，并树立可持续发展的理念。

（一）宏观层面：帮助乡村居民领悟通过发展旅游业致富的成功要诀

首先，乡村居民需要认识到旅游消费不是一种物质上的消费，而是一种精神上的体验，游客所购买的是来自观光旅游的愉悦和感受。在旅游消费过程中，游客实际关注的并不是获得某种物质实体，而是关注在游览期间获得的内心感受。

其次，乡村旅游业经营者应该学会打造独特而新颖的旅游产品和项目提高乡村旅游的吸引力。这不仅需要在特殊性上下功夫，还需要不断创新，保持旅游项目的新鲜感，为游客提供全新的旅游体验。要达成这一目标，必须不断进行创新，不可盲目模仿他人的做法。

再次，全域旅游环境对游客的消费体验具有巨大的影响，乡村居民应该充分认识到这一点。乡村旅游的繁荣和发展取决于乡村地区自然和文化资源的优劣程度。这些自然环境是乡村旅游发展所必需的，同时也是构成乡村旅游整体产品必不可少的元素。

最后，乡村旅游业的经营要以诚信为准则，并且要有效运用可持续性发展策略。只有在思想上秉持可持续发展理念，在实践中坚守诚信和友好的经营原则，才能够促进乡村地区的长期繁荣发展。

（二）微观层面：使乡村居民掌握通过发展旅游业致富的具体技能

乡村居民需要掌握通过发展旅游业致富的具体技能。

第一，乡村居民应当熟练掌握旅游开发技巧，以打造独具乡村特色的旅游项目。每个旅游目的地都拥有其独特的资源和特色。要吸引更多游客，需要充分利用当地独特的自然和人文资源，并通过运用文化创意和主题旅游策略巧妙地将农业和旅游结合起来，创造出独具特色的旅游文化品牌。通过将文化资源转变为旅游产品，文化旅游能够更有效地获取文化附加值，并具备可持续性。

第二，对于乡村居民而言，熟练掌握旅游接待技能是十分必要的。这不仅可以确保旅游接待服务的良好质量，还有助于提升游客的旅游体验。除了旅游项目带来的体验，游客在旅行过程中的接待体验也是旅游体验中不可或缺的组成部分。如果乡村居民只懂得开发旅游产品而没有经营能力，那么乡村旅游很可能会面临无法持续发展的困境。乡村旅游经营者需要在与游客交流互动、提供服务、保障质量及展示自我等方面为游客提供愉悦的旅游体验，应该始终秉持诚实守信、友善待客的经营理念。要重视游客的旅游体验，良好的旅游体验就是一种良好的营销，这样即使不花费大量的费用进行营销，也能通过游客的自发推广产生良好的宣传效果。

三、乡村振兴战略背景下乡村旅游智力扶贫的实施路径

（一）通过旅游景区带动乡村社区发展

从实际发展情况可以看出，不同农村地区的居民拥有不同的旅游致富智力和能力，因此不同的乡村社区需要采用不同的景区带动发展形式。当地政府应该设计能够让旅游景区与乡村社区实现互利共赢的机制，并制定相应的激励和惩罚机制，充分发挥政府的主导作用。这不仅能够促进旅游景区和乡村社区的协同发展，还能够为当地居民提供基础的旅游开发和管理方面的培训。政府应当肩负起责任，防止当地居民被边缘化被排斥，形成与外界隔绝的“旅游孤岛”。

（二）通过旅游发展带动乡村居民致富

为促进乡村旅游业的快速发展和乡村振兴战略的实施，需要在发挥政府的引领作用的同时确保乡村居民能够充分发挥主观能动性。要真正实现乡村振兴，当地政府需要采取多种方法，鼓励和协助居民参与各种培训和学习活动，以提高他们的技能和知识水平，进而促进乡村地区的农民增收和经济增长。乡村居民需要通过自我成长为旅游业的主导力量，从而掌握旅游开发决策和收益的主动权，这是依靠旅游业发展实现脱贫致富的必要条件。为了促进乡村振兴战略的实施，基层政府和行政单位应该齐心协力，积极参与乡村旅游事业。在此过程中，政府应当积极鼓励民间协会和社区优秀人才进行培训学习。可以采用邀请专家辅导、组织乡村居民出门学习等方式，调配旅游专家执行特定的扶贫计划，同时也可以与旅游学院合作开展协助贫困地区发展计划，以促进乡村旅游地区规划和发展咨询工作的落实，吸引更多当地居民参与旅游开发和接待服务。乡村基层党组织应担负引导责任，充分发挥引导作用，带领乡村居民脱贫致富，走出一条通过发展旅游业实现农村居民富裕的成功道路。

（三）实施旅游人才引进政策

在乡村振兴战略的推进过程中，亟须解决的难题之一是乡村旅游业发展缺乏专业人才。乡村居民的知识理解和获取能力较差，受教育水平相对较低，综合素

质相对不高。这些因素可能会导致乡村旅游智力扶贫的进展较为缓慢，进而影响乡村振兴战略的持续有效推进。为了加快乡村旅游智力扶贫的进程，需向乡村旅游区注入旅游智力资源，增强其自身创造力。要激发农村地区的就业、创业吸引力，地方政府要制定吸引旅游专业人才的政策，积极引进来自其他地区的优秀人才。除了吸引外地人才，也需要重视鼓励当地大学生回乡就业和创业。吸引本地人才回到家乡创业，是最有效的人才引进方式之一，能够有效促进乡村旅游智力扶贫的开展，增强乡村旅游的活力，推动乡村振兴战略的持续快速发展。

深入开展乡村旅游扶贫可以有效推动乡村振兴战略的实施。目前乡村旅游业的发展面临的重要问题就是乡村旅游智力扶贫问题，在解决这一问题时必须找到根本原因，从源头上解决问题。当地政府应积极制定相关的政策，始终将农民的利益放在首要位置，确保在开展乡村旅游扶贫的过程中农民的权益不受损害。推进乡村旅游扶贫也需要从乡村建设条件方面入手，乡村旅游扶贫的推进缺乏相应的配套条件，因此需要加大将社会公共资源引入农村的力度，既要实现智力扶贫，也要实现资源扶贫，这样才能有效推进乡村旅游扶贫工作的开展以及乡村振兴战略的实施。

第四节　乡村振兴战略背景下乡村旅游合作社的发展

探索乡村旅游业的发展潜力，可以为乡村振兴战略的实施提供有力支持。乡村旅游合作社在促进乡村振兴方面具有显著效果。因此，深入探究乡村旅游合作社的发展对于推动乡村振兴具有极其重要的现实意义。

近年来，随着乡村振兴战略的出台和乡村旅游业的蓬勃发展，各方都在关注如何促进乡村旅游合作社稳健发展。在这一节中，我们对于乡村旅游合作社的含义和基本特征进行了探讨，并且对其发展现状和发展困境进行了介绍，并基于这些内容提出了一系列相关的对策和建议，这些对策和建议能够有效促进乡村旅游合作社的理论研究和实践指导。

一、乡村旅游合作社的含义与基本特征

乡村旅游合作社是由以农民为主体的乡村旅游经营者自愿组成的互助性组织，其成立基于农村家庭承包经营，合作社遵循法律规定，实行民主管理，并按照市场规律开展合作经济活动。

（一）农村家庭承包经营制度是乡村旅游合作社建立的重要基础

我国采用的家庭承包经营制度是一项农村基本制度，旨在推动农村经济的发展，集体组织通过将土地和其他生产资料交到农村家庭手中，使农业生产以家庭为单位进行。乡村旅游合作社是一种依据《中华人民共和国农民专业合作社法》（以下简称《合作社法》）设立的农民经济组织形式，可视为农民专业合作社的一种。设立乡村旅游合作社的前提是充分利用农村家庭承包制度下的土地承包经营权、林地经营权等重要因素以及其他集体组织的资产，将这些资源转化为资本，这样才能有效开展乡村旅游业务，合作社成员才能充分发挥自己的自主决策和创新能力，同时依法享有使用和分配生产资料以及其增值产出的权利。

在实际发展过程中，乡村旅游合作社常常以农村家庭的承包经营为基础，将土地承包经营权和林地经营权等相关权益授予农户。这些权益可以被用来作为资本投入乡村旅游合作社，与资金、技术、劳动力等要素相结合，从而形成一种具有要素股份化特征的合作模式。这种模式适应农村新型合作经济的发展趋势，有助于实现乡村旅游资源的集中开发。

（二）农民是乡村旅游合作社发展的核心主体

消除贫困和改善民生的当务之急是提高农民的收入，这也是乡村振兴战略的根本任务。近些年来，乡村旅游已经逐渐发展为一种新兴的农业产业和服务形式，对于推动农民富裕目标的实现具有重要作用。农村能人、专业大户、农村新乡贤、返乡大学生等新型农民是乡村旅游合作社建设过程中的主要力量，他们在政府的引导、企业的扶持下积极组织农村社区农民参与和经营合作社，以休闲农业和乡村旅游为主要发展方向。在建设和发展乡村旅游合作社的过程中，必须将农民的权益放在首要位置，要贴近农民、依赖农民。只有将农民放在乡村旅游合作社建设的中心地位，才能确保乡村旅游合作社为农民服务，真正为农民的富裕发挥作用。

（三）自愿联合、依法经营、民主管理是乡村旅游合作社经营的基本原则

乡村旅游合作社的经营要遵循农民自愿联合的原则，农民加入或退出合作社都是自由的，地方政府以及其他任何组织和机构都不得以政绩需要、谋求利益等为由强迫农民加入或退出合作社，要尊重农民的意愿，这是经营乡村旅游合作社的基本原则。

经营乡村旅游合作社要遵循相关法律法规，坚持依法经营。《合作社法》就

是对乡村旅游合作社经营的规范，使其合法经营发展。《合作社法》既能够在社员资格、生产标准、管理制度、股份要素、出资方式、盈余分配等方面明确农民的合法权益，维护乡村旅游合作社的日常经营，规范社员的日常行为，实现乡村旅游合作社的现代化、企业化管理，使其在激烈的市场竞争中能够站稳脚跟，又能保障合作社的社会地位与其他市场主体保持平等，并与其他市场主体一样都按照市场运行机制经营。

乡村旅游合作社要坚持民主管理，这是合作社这一组织形式与其他社会组织的重要区别。《合作社法》中强调要落实乡村旅游合作社的民主管理，以为农民服务为宗旨，以促进农民富裕为目标，通过民主管理促使社员互帮互助，合作经营，不断提升乡村旅游合作社的经营效益和社员的收入水平，吸引更多的农民加入乡村旅游合作社，共同为乡村旅游发展贡献力量。

二、乡村旅游合作社发展的现状

（一）乡村旅游合作社起步晚、发展快

20 世纪 80 年代，城市游客开始在闲暇时间前往乡村旅游，农家乐发展模式对他们有广泛的吸引力。这一时期是我国乡村旅游业发展的初级阶段，主要是自主发展，缺乏规范性和集体性。随着乡村振兴战略的不断推进以及美丽乡村建设等措施的实施，我国的乡村旅游产业得到极大发展，在旅游内容和旅游服务等方面都进入了快速发展阶段，能更好地满足城乡居民的旅游需求，乡村旅游合作社也相应地得到了快速发展。

（二）乡村旅游合作社发展模式多样化

在乡村旅游合作社的实际发展过程中，一般是新型农民起到引领作用，这些乡村经营大户、村干部以及返乡大学生积极引导农民加入合作社，同时广泛吸引外界企业以股份合作等方式支持乡村旅游产业的发展。乡村旅游合作社的经营要基于农民意愿和当地的实际发展情况选择适合本地旅游开发特点的经营模式，始终将农民的利益放在首要位置，以为农民服务为宗旨，不断提升农民的收入水平，增强乡村旅游业的市场竞争力和抗风险能力，加快乡村振兴战略的实施。

（三）乡村旅游合作社经营业务多元化

乡村旅游合作社的经营业务具有多元化的特点，在当地的工商行政管理局进

行登记注册时就要关注登记注册的业务范围，保证经营范围的合法性。在乡村旅游业的发展初期，旅游人数相对较少，城乡居民旅游需求不高，因此乡村旅游合作社主要从事农业生产经营，在登记注册合作社名称时甚至很少带上“旅游”或“乡村旅游”字样。随着人们对乡村旅游的需求越来越多，乡村旅游合作社开始发挥其应有作用，经营业务逐渐偏向旅游服务类，不断拓展业务范围满足人们的旅游需求。通过乡村旅游合作社的经营，乡村农业产业与旅游业实现了融合，更有效地实现了乡村资源的整合和利用，使农民的生活环境更加优美，生活水平逐渐提高，对于我国乡村振兴战略的实施具有重要推动作用。

三、乡村旅游合作社发展的困境

与农民专业合作社最初的发展状况相似，乡村旅游合作社的发展也面临着许多困境。我们将从以下三个方面详细阐述乡村旅游合作社发展所面临的困境。

（一）基层干部管理乡村旅游合作社心力不足

政府的主导作用在乡村旅游的开发中发挥着重要的作用。乡村旅游业的发展离不开乡村旅游组织形式的创新，而乡村旅游合作社正是在政府部门相关政策引导下，通过农民自愿联合而成立的农民组织。政府的领导作用不仅确保了乡村旅游业的稳定发展，也为乡村经济注入了新的活力。在乡村旅游的政策宣传、基础设施建设、村民旅游知识技能培训等方面，政府发挥了重要的领导作用。

从中央到地方，政府对乡村旅游合作社的发展给予了高度的重视，这体现在近年来频繁出台的相关政策上。这些政策的出台，彰显了政府对乡村旅游合作社发展的决心和支持。然而，在政策落实的过程中，仍存在一些问题，使得扶持政策难以真正落地生根。首先，政策的落实存在一定的难度。由于基层干部对相关政策的理解和掌握程度不同，导致他们在执行政策时无从抓起，不知道该如何有效地将政策转化为实际行动。其次，乡村旅游合作社的发展涉及多个基层部门，这使得基层干部在管理上感到困惑，不知道哪些方面该管，哪些方面不该管。这种情况在一定程度上导致了管理的混乱，给政策的执行带来了一定的困难。最后，乡村旅游产业作为农村发展的新兴事物，一些基层干部缺乏相关的经验，对于如何促进乡村旅游合作社的发展缺乏有效的指导。这使得他们感到力不从心，无法为乡村旅游合作社提供必要的支持和帮助。在这样的情况下，乡村旅游合作社的发展很容易出现“重成立、轻发展”“重数量、轻质量”的不良现象。这种现象会影响乡村旅游合作社的后期发展，使得乡村旅游合作社的发展缺乏持续性和稳定性。

（二）乡村旅游合作社经营管理人才匮乏

乡村旅游合作社是一种采用现代企业制度的合作社，无论在筹备建立、信用融资、社员入社退社等方面，还是在股份设立、盈余分红等方面，都需要运用现代企业管理的理念和方式进行管理。在旅游产品开发和活动策划方面，传统农家乐和采摘垂钓已经不能满足当前城乡旅游消费者日益增长的文化休闲需求，无论是民俗文化的开发，还是农耕文化的挖掘，都需要合作社的管理者具备更多的历史文化知识和一定的节庆活动策划能力才能满足消费者的需要。除此以外，在消费者市场的拓展上，乡村旅游合作社需要运用“互联网＋”、新媒体的宣传和营销。例如，运用微信公众号、旅游方面的应用程序（App），可以更好地展示合作社的实力和特色，吸引更多消费者。乡村旅游合作社的发起人或带头人，一般都是在经营种养殖业、农家乐等基础上发展来的专业大户，这些人也许在相关领域有很独到的理解和经验，但在合作社的旅游产品创新能力和营销创新的管理能力上，可能会相对较弱。因此，乡村旅游合作社普遍存在经营管理人才的匮乏现象。这也需要合作社在未来的发展中不断加强人才培养和引进，提高管理水平和创新能力，以更好地发展乡村旅游事业。

（三）乡村旅游合作社抗风险能力弱

正如前文所提及的，乡村旅游合作社在经营管理人才方面存在明显的缺口，这导致其旅游产品创新能力不足，市场开拓能力受到限制。这些因素共同导致合作社缺乏核心竞争力，使其市场竞争力显得相对较弱。在内部管理控制方面，由于社员主要是本村村民，甚至吸纳了众多的贫困户，这使得社员管理难度加大，同时也缺乏凝聚力。社员之间缺乏合作意识，容易在旅游产品销售时出现争夺游客的情况，从而出现违背了合作社管理章程或契约安排的非合作行为。

乡村旅游合作社并非一个福利性质的机构，而是为了将农民联合起来，通过市场机制的运作，共同参与市场竞争。然而，乡村旅游合作社在抵御风险方面的表现相对较弱，使其在市场竞争中的实力受到一定限制。从外部来看，乡村旅游合作社通常依赖于本村的旅游资源，普遍存在规模较小的情况。这些合作社其经营项目相对单一，提供的旅游产品或服务表现出严重的同质化。无论在资金运作和管理上，还是内部制度上，都存在一定的缺陷，这也是违背服务社员的服务宗旨的表现。

四、乡村旅游合作社发展的创新策略

（一）厘清各项支持政策，形成合作社发展的指导性意见，合力发力

针对“三农”问题，尽管持续推出支农惠农政策，但形势依然严峻。其中一项重要原因就是政策对“三农”的资源投入处于分散、不集中的状态，无法形成有效的合力。为了解决这个问题，全国各地的各级政府针对本地区乡村旅游合作社发展的实际状况，制定乡村旅游合作社发展的若干支持政策，给出支持乡村旅游合作社发展的指导性意见。这些指导性意见也便于基层干部提升对政策的解读能力和执行能力，有针对性地帮扶乡村旅游合作社的发展。这些举措都是为了推动乡村旅游合作社的发展，以做好“三农”工作。

（二）将乡村旅游合作社打造成乡村“双创”平台，引智引资

近年来，乡村“大众创业、万众创新”的“双创”活动不断涌现，为农村经济社会发展注入了新的活力。在这股热潮的推动下，乡村旅游合作社参与其中，不仅推动了当地经济发展，也为返乡大学生、返乡创业农民工、返乡退伍士兵、乡间能人等提供了施展才华的舞台。乡村旅游合作社吸引了众多社会资本的关注和创业能人等管理人才的加入。通过这个平台，返乡创业者和投资者可以发掘农村的潜在商机，开发具有乡土特色的旅游产品，推广当地的特色文化，提升当地旅游业的品质和知名度。同时，乡村旅游合作社也为当地农民提供了更多的就业机会和增收渠道，帮助他们增加收入、改善生活品质。乡村旅游合作社在实施乡村振兴战略中发挥了重要作用，成为助农兴农的有力平台。

政府在乡村“双创”活动中为推动乡村旅游发展，打造工作新思路。在引进旅游公司、农业园区等资源的基础上，政府还将农民自己的互助性经济组织——乡村旅游合作社纳入工作范畴，吸引众多返乡创业的农民工和返乡大学生等发起或加入乡村旅游合作社。为了更好地满足新时期乡村旅游消费者的需求，政府积极引入“互联网＋农业”、“互联网＋旅游”、新媒体营销等互联网时代的新技术、新模式，创新乡村旅游合作社的发展方式。通过这些新技术的应用，乡村旅游合作社得以搭上乡村“双创”的快车，充分享受乡村“双创”平台的各种政策扶持，为乡村振兴战略贡献力量。

（三）乡村旅游合作社联合创建联社，提升化险御险能力

因乡村旅游合作社尚处于发展的初级阶段，其规模较小，旅游产品和服务相

对单一，缺乏专业的经营管理人才且内部制度还需进一步完善，故其抵御市场风险的能力相对较弱。为解决这些问题，政府可主导并引入市场运作机制，将各个乡村旅游合作社联合起来，或者与其他专业合作社联合，以组建乡村旅游合作社联社。这样的组织形式有利于提高各成员社的抵御风险能力和化解风险的能力。与单一合作社相比，地方政府对联社的指导、管理和政策支持效果显著。联社可以因地制宜，在乡域、县域或市域范围内开展工作。联社可以为成员社提供旅游规划、旅游产品开发、社员培训、营销推广和市场开拓等方面的整体规划和指导服务，从而解决单一合作社在这些方面成本高、效果差的问题。在联社的统一领导下，各成员社可以结合当地的乡土资源，充分挖掘红色、古色、绿色等本乡本村的特色，共享旅游资源，共同拓展旅游市场，共同抵御市场风险。与“公司＋农户”的乡村旅游公司和农业观光园景区等乡村旅游组织模式相比，乡村旅游合作社以农民社员为主体，他们以房屋、土地、林权、资金等多种资源要素入股，共同开发乡村旅游资源，共筑农村新型合作经济。发展好乡村旅游合作社，能使村民参与到乡村振兴这个大战略中来，共享乡村旅游资源开发的红利。

第五章　乡村振兴战略背景下乡村旅游业的创新发展

本章对乡村振兴战略背景下乡村旅游业的创新发展进行了介绍，包括五个方面：乡村振兴战略背景下金融服务乡村旅游业、乡村振兴战略背景下乡村旅游业发展的新视角、乡村振兴战略背景下乡村旅游用地的法律问题、旅游型乡村建设要素与乡村振兴战略要义和乡村振兴战略背景下乡村旅游业转型升级五链驱动。

第一节　乡村振兴战略背景下金融服务乡村旅游业

一、商业银行支持乡村旅游业的重要意义与存在的主要问题

（一）商业银行支持乡村旅游业的重要意义

随着经济的发展和居民收入水平的提高，乡村旅游业发展潜力无限。服务乡村旅游业发展，既是服务国家乡村振兴战略的需要，也是商业银行加快业务转型的需要。具体来说，商业银行支持乡村旅游业有以下三个方面的意义。

1. 乡村旅游业发展潜力巨大

随着社会的发展，城乡居民消费需求结构不断升级，乡村旅游业异军突起，呈现出大幅增长态势。统计数据显示，全国城市居民休闲出游时，70% 以上会选择周边乡村游，而在北京、上海、天津等大城市，这一比例更是超过了 80%。据相关数据预测，未来中国乡村旅游热还将进一步持续，预计到 2025 年，年度旅游人次将达到 30 亿次。这一数据充分说明了乡村旅游业发展的空间十分广阔，具有巨大的发展潜力。同时，这也预示着未来我国乡村旅游业将在推动乡村振兴、促进城乡融合发展等方面发挥更加重要的作用。

2. 有利于把握乡村旅游带来的金融机遇

作为新农村建设的有效载体，乡村旅游业能够带动乡村投资，促进乡村产业

的发展，实现农民收入的增长。乡村旅游业发展，能以较低的成本满足城镇居民的休闲需求，有效扩大城镇居民消费。当前，乡村旅游业受到了社会的广泛关注，成为经济发展和社会转型的热点。在政策引导、城镇化拉动、汽车普及、投资驱动、新消费革命等多方面的推动下，乡村旅游业将日益成为农村产业融合发展的重要组成部分。这无疑也将为金融服务市场带来无限广阔的空间。乡村旅游业的发展潜力巨大，其产业关联度高，投资带动力强，对内需的拉动力持久。通过发展乡村旅游业，可以有效促进农村产业结构的调整和优化，提高农村经济的附加值，进一步推动农村的现代化建设。

3. 有利于实现商业银行加速转型发展

金融是实体经济的血脉，实体经济则是金融的根基。在二者相互依存的关系中，金融可以为乡村旅游业提供强大的动力，而乡村旅游业则能够为金融发展提供新的领域和机遇。只有积极把握新市场的发展机遇，金融业才能有效地改善客户结构和收益结构，进而实现更加稳健和可持续的增长。乡村旅游业的迅速崛起正是金融业寻找新增长点的关键所在。随着经济结构的不断调整和经济增长方式的逐步转变，乡村旅游业正在经历快速崛起，不仅体现了人们对高质量生活的追求，也反映了金融业在新市场中的可持续发展潜力。

乡村旅游业具备高附加值、高成长性等特点，可以为银行经营转型拓展新的空间，为银行持续发展开辟新的道路。因此，金融服务乡村旅游业不仅是金融资本实现新增长的需要，也是优化资产结构、提高收益水平、分散业务风险的需要。在这个过程中，金融机构需要适应乡村旅游业的发展需求，同时也需要与政府部门、乡村旅游企业等各方合作伙伴紧密合作，共同推动乡村旅游业和金融业的协同发展。

（二）商业银行服务乡村旅游业发展存在的主要问题

1. 融资经营主体不具备信贷主体资格

当前我国乡村旅游业还处于初级阶段，具有广泛的地域分布和较大季节性差异，规模化产业集群相对较少。相对于传统农业生产经营，乡村旅游业对融资性的贷款需求更加旺盛，且期限较长。然而，由于多数乡村旅游市场主体信用等级、资产状况难以达到准入要求，不具备信贷主体资格。尽管一些地方政府成立了旅游投资公司，但由于受到资金制约，许多包括基础建设、公共服务设施等建设不到位，成为制约乡村旅游业发展的关键性因素。

2. 银行传统服务难以满足发展需求

针对乡村旅游业消费者群体的需求水平不断提高，商业银行传统的金融服务与产品已经难以满足日益增长的需求，因此亟待升级金融服务方式与创新金融产品。此外，旅游项目建设资金投入金额大、回收周期长，项目单位在申请贷款时，很难找到价值足够又能长期保值的抵押物。

3. 相关主体的财务需要规范

从事乡村旅游业的主体，大多数先前经营小微企业或是个体经营户，由于规模较小，他们往往缺乏专业的财务管理知识和经验，对财务管理的重视程度也相对较低，这就导致了在财务管理方面存在很多问题。对于金融机构来说，要对这些乡村旅游业经营主体的资金使用、经营及效益等情况作出准确的评价，确实存在较高的难度。因为这些企业或个体户往往没有完整的财务报表和财务数据，或者提供的财务信息不真实、不完整。

二、金融服务乡村旅游业发展的重点内容与相关建议

（一）服务重点

随着人们生活水平的不断提高，乡村旅游业的繁荣发展已成为一种趋势。商业银行要顺势而为，积极响应国家对乡村振兴的号召，把服务乡村旅游业作为战略工程扎实推进，重点做好以下五个方面的金融服务。

1. 服务乡村旅游精准扶贫工程

许多贫困地区都拥有优美的生态环境和丰富的旅游资源，这成为它们共有的优势。在当前党和政府坚持打赢脱贫攻坚战的背景下，我们可以借助这个机会，积极支持贫困地区的旅游示范村建设。通过提升这些设施的品质，可以进一步提升这些地区的旅游价值。这样，当地的居民就可以通过发展旅游业，实现脱贫致富的目标。

2. 服务发展旅游特色小镇

积极建设旅游特色小镇，如森林小镇、滨湖度假小镇、避暑度假小镇、温泉小镇、民族风情小镇、创意文化小镇、商贸购物小镇等。做好对传统小镇风貌的保护与文化的传承，稳步对接全国特色旅游景观名镇、历史文化名镇。

3. 服务“千村万户”美丽家园行动

以特色民俗风情、农村风貌、人文遗迹、农业生产体验等为载体，促进旅游特色村、自驾游营地，服务乡村民宿、乡村度假村、休闲农庄、农业观光园等发展建设。同时，还为各种乡村民宿、乡村度假村、休闲农庄以及农业观光园提供全面的服务，帮助其更好地满足游客的需求，提升旅游服务的品质和效益。

4. 服务现代乡村田园旅游综合体建设

促进科技和人文等元素融入农业，支持阳台农艺、农田艺术景观等创意农业，推动农业与艺术、科技与文化的有机结合，促进农业向多元化、高附加值方向发展。同时，我们致力于服务智慧农业、会展农业等领域，利用现代科技手段提高农业生产效率和质量，增强农业的竞争力和可持续发展能力。此外，我们还注重挖掘农业的多种功能，通过支持重要农业文化遗产的发掘、保护和传承，让更多人了解和关注农业的历史和文化价值，进一步推动农业的全面发展。

5. 服务乡村旅游“创客”基地发展

支持那些怀揣梦想、充满激情的返乡农民工、返乡大学毕业生、民间艺人等投身为旅游“创客”，他们可以利用自身的创新能力，为文化旅游衍生品的开发贡献力量。这些“创客”们怀揣着对家乡文化和旅游资源的深深热爱，将为文化旅游产业注入新的活力。同时，也支持创建乡村创客实体众创空间和孵化基地，为这些“创客”们提供更广阔的发展空间和平台。这些众创空间和孵化基地将作为他们交流思想、学习技能、宣传产品和融资对接的重要场所，帮助他们更好地实现创业梦想。

（二）主要建议

1. 多途径提供信贷资金支持

对于那些投资规模巨大、资金需求庞大的旅游项目，我们可以推行银团贷款的策略。这种策略旨在通过多家银行组成的银团共同承担贷款风险，以确保项目的顺利进行。对于那些收益稳定、品牌知名度高的企业和项目，可以推行企业债等直接融资途径的债务工具来提供支持。这些债务工具不仅具有较低的融资成本，还能够提高企业的信用评级，从而进一步增强其市场竞争力。还可以围绕主景区建设，开办经营权、门票等现金流作为保证的未来收益权质押贷款。这种贷款方式能够有效地解决旅游项目在建设初期面临的资金压力，同时也为项目的未来收益提供了保障。除此以外，我们还要积极参与乡村旅游项目的规划工作。在保障乡村规划方案中的投融资计划具备可行性和落地性的前提下，通过创新的金融工具和融资渠道，为乡村旅游项目的建设和发展提供强有力的支持。

2. 发挥政府、担保等机构的多方作用

为了解决金融支持信息不对称的问题，可以通过整合工商、税务、水电气、社保等众多信息数据库的手段，搭建一个全面的综合信息平台。这个平台可以有效地整合各类信息，使得金融机构能够更加全面地了解企业的经营状况，从而为企业提供更加精准的金融支持。

加强政银企合作，建立担保贷款风险分担和补偿机制。这一机制可以有效地降低担保贷款的风险，确保金融服务的稳定性和可持续性。

3. 树立大旅游业理念，拓宽金融服务领域

围绕旅游核心企业及其上下游相关产业与客户提供全方位服务，在支持乡村民俗、乡村美食、乡村特产、农事体验、农家生活等特色产业的基础上，为乡村旅游的产业融合发展提供强有力的支持。这种支持不仅表现在对传统旅游产业的提升和优化上，更表现在对新兴产业和领域的拓展和引领上。在支持产业融合发展方面，可以将金融服务领域拓展至电商、文创、养生、养老、体育、健康、研学等领域，与之相结合构建全面服务体系。

4. 突出金融服务与产品创新的作用

借助互联网和大数据等先进技术，可以优化信贷审批流程，使其更加高效、便捷。通过深入分析海量数据，我们能够更加准确地评估借款人的信用状况，从而选择最合适的信贷方案。此外，还可以推选一批乡村旅游业经营客户，根据他们的经营状况和信用记录，确定合理的授信额度，采用一次核定、周转使用的方式，使我们可以更加灵活地支持乡村旅游业的发展。

创新乡村旅游信贷产品，通过深入了解乡村旅游市场的需求和特点，有针对性地设计一系列的信贷产品，以满足不同客户的需求。积极引导社会资本进入乡村旅游领域，推动乡村旅游业的升级和转型。

5. 服务乡村旅游业常态化的辅导培训

为了有效解决乡村旅游经营者文化水平偏低、市场意识不足、经营管理能力弱等问题，我们需要建立常态化、针对性强的辅导和培训机制。这些培训应该提供驻点式的智力支持，遇到困难时可以请专业人员会诊，并针对性地提供融资解

决方案。通过这样的措施，我们可以帮助乡村旅游经营者提高自身的文化水平和市场意识，提高他们的经营管理能力，从而推动乡村旅游业的健康发展。

第二节　乡村振兴战略背景下乡村旅游业发展的新视角

乡村旅游业是紧密连接农业、农产品加工业和服务业等第一、第二、第三产业的新型业态，融合了生态、生产和生活多重功能。随着大众化旅游时代的到来和国家乡村振兴战略的实施，乡村旅游业迎来了历史性的发展机遇，但也面临着提档升级的客观要求。本节分析了乡村旅游业快速发展的客观背景和乡村旅游业提档升级的重点内容，提出了乡村旅游产品创新的“三个”维度和乡村旅游产品开发的“五大”法则。

党的十九大高度重视“三农”问题，提出坚持农业农村优先发展，实施乡村振兴战略。强调农业、农村、农民问题是关系国计民生的根本性问题，必须始终把解决好“三农”问题作为全党工作重中之重。党的二十大强调全面建设社会主义现代化国家，最艰巨最繁重的任务仍然在农村。坚持农业农村优先发展，坚持城乡融合发展，畅通城乡要素流动。加快建设农业强国，扎实推动乡村产业、人才、文化、生态、组织振兴。这是农业农村工作的总纲领和中心任务，也是全面激发农村发展活力的重大行动。在新的时代背景下，随着大众旅游市场的刚性需求和国家政策的积极支持，乡村旅游业迎来了前所未有的发展机遇。然而，为了符合时代发展的要求，传统的乡村旅游业必须进行升级和转型。为此，我们需要采取创新驱动的发展模式，推动乡村旅游业的转型升级，以适应市场需求和国家政策的双重挑战。

一、乡村旅游业快速发展的客观背景

（一）经济社会发展和生活水平的提高

休闲消费水平的高低与消费者的生活方式、收入水平、消费观念等因素密不可分。通常来说，当一个人的收入水平越高，他们拥有的闲暇时间也会越多，因此，他们的休闲消费水平也相应地越高。此外，生活方式和消费观念也会随着社会进步、经济发展以及开放程度的不断变化而发生改变。这些因素共同作用，影响着人们的休闲消费行为。另外，随着城市化进程的不断推进，越来越多的农村

人口逐渐转变为城市人口。这一转变使得人们的生活方式、工作环境以及消费观念都发生了巨大的变化。城市化的生活方式和工作环境使得人们更加注重休闲消费，而消费观念的变化则使得人们更加注重品质和体验，这也进一步推动了休闲消费水平的提高。

（二）城市压力和休闲需求的增加

随着城市化的步伐日益加快，越来越多的农村人口涌向城市，导致城市人口数量急剧增加。这一现象给城市带来了巨大的压力，使得都市生活的各个方面都面临着巨大的挑战。为了寻求片刻的宁静和放松，城市居民开始渴望暂时逃离喧嚣的都市，前往农村体验休闲和宁静的乡村生活。越来越多的人开始关注休闲生活，将之视为一种生活状态，即在非工作时间内通过各种有趣的活动和方式，达到身心调节和放松的目的。一般意义上的休闲主要指两个方面，一是消除体力上的疲劳，二是获得精神上的放松。

（三）农村拥有丰富的旅游资源禀赋和文化要素

农村旅游资源是指那些能够吸引游客前来体验乡村风情，感受大自然的美妙与宁静并且为旅游业所利用，可以产生显著的经济、社会和生态综合效益的独特景观。这些资源是由自然环境和各种物质、非物质要素共同组成的农村地域复合体，具有极高的旅游价值和吸引力。

农村旅游资源丰富多样，包括自然景观资源、农业生产资源、农业科技资源以及农业文化资源等。在文化要素上，包括各种耕作文化、牧业文化、饮食文化、民俗文化、民间文艺、农产品文化、生活器具文化、遗址文化、自然环境文化等，极具独特魅力。

二、乡村旅游业提档升级的重点内容

乡村旅游业是一种多元化、综合性的产业形态，它不仅横跨第一、第二、第三产业，而且还融合了生产、生活和生态功能。这种新型产业形态紧密连接农业、农产品加工业和服务业，“三农”是其产业和资源的主体。因此，乡村旅游业的提档升级需要创新发展理念和思路，拓展原有的空间领域和产业范畴，围绕“三农三生”（“三农”指农村、农业、农民；“三生”指生态、生活、生产）做文章，实现全方位、多层次开发。

（一）创新乡村旅游业发展的理念和思路

乡村旅游业的升级，必须紧跟时代步伐，明确乡村振兴战略的总体要求，即“产业兴旺、生态宜居、乡风文明、治理有效、生活富裕”，创新发展理念，拓展发展思路。

第一，乡村旅游业应从产业细分和产业融合的角度出发，树立大产业观念，实现旅游开发与农业发展的深度融合。这包括将农业、林业、畜牧业、渔业等各个产业进行细分，并在此基础上进行融合，以形成多元化、综合性强的乡村旅游产业链。第二，农业多元功能开发应与新型城镇化建设、新农村建设紧密结合，并将其纳入总体规划。通过这种方式，可以有效地促进农村经济的发展和新型城镇化的建设，同时提高农民的生活水平和质量。第三，乡村旅游业应以市场需求为导向，以区域特色农业资源为依托，实现资源和市场的有机结合。这意味着乡村旅游业的开发应针对市场需求，结合当地的特色资源，开发出具有独特性和吸引力的旅游产品，同时满足市场的多元化需求。第四，乡村旅游业应以体验为核心，以回归自然、绿色生态为根本，打造核心竞争力。这意味着乡村旅游业的开发应注重游客的体验和感受，让游客能够身临其境地感受乡村的自然风光和人文历史，同时注重环保和可持续发展。第五，乡村旅游业应以创意为灵魂，以科技为动力，实施双轮驱动，创新乡村旅游产品。通过创意和科技手段，提升乡村旅游产品的品质和附加值。

（二）乡村旅游业的核心要素

1. 农村是乡村旅游业发展的载体

走产业型、环保型、生态型、文化型、现代型发展之路是乡村旅游业发展的必然选择。乡村风貌是乡村旅游业的基石，它蕴含着乡村的独特魅力，也是吸引游客的重要因素。我们需要实现农村景区化。在建设过程中，要注重保护乡村的自然环境和文化特色，同时融入现代元素，打造具有特色的乡村旅游产品。我们可以将农业与旅游业相结合，开发旅游产品，让游客在欣赏乡村美景的同时，也能亲身体验农业生产的乐趣。这种结合既能增加农民的收入，又能为游客提供丰富的旅游体验。为了实现乡村旅游业的可持续发展，我们还要促进农民向旅游人才的转变。农民是乡村旅游业的主体，他们的素质和能力直接关系到旅游业的发展。因此，我们要加强对农民的培训和教育，提高他们的文化素质和技能水平，让他们成为具有专业技能的旅游从业者。

2. 农业是乡村旅游业发展的产业依托

城市居民的休闲需求在近年来逐渐增长，这促使乡村旅游呈现一派繁荣。乡村旅游拓展了农业的发展空间和功能，还推动了观光农业、生态农业、精品农业的多样化发展，带动了农业经济的增长，把农村的生产、生活资料转换成了具有观光、体验、休闲价值的旅游产品。

3. 农民参与是乡村旅游业的根基

乡村旅游业的发展可以使农民转变传统的务农方式，通过从事旅游业，实现农商共举，达到推动乡村经济多元化和农民收入增加的双赢局面。在经营模式上，农户可以独立经营，也可以形成私营企业。这为农民提供了更多的自主权和灵活性，同时也有利于提高乡村旅游业的竞争力和市场适应性。私营企业的形成还可以带动其他相关产业的发展，进一步推动乡村经济的繁荣。

（三）乡村旅游业的开发重点

1. 重视乡村生态文化的保护与传承

生态文化是一种独特且深深扎根于特定民族或地区的文化，它是人类在长期的生活和生产实践中积淀而成的一种文化形态。这种文化由一系列特定的文化因素构成，包括生活方式、生产方式、宗教信仰、风俗习惯以及伦理道德等，这些因素共同形成了一个具有独立特征的结构和功能体系。生态文化不仅是一种传统文化的积淀，更是一种世代传承下来的智慧，它关乎如何合理地摄取、利用和保护生态资源，使人与自然环境达到和谐共处的状态。它提供了实现人与自然可持续发展的知识和经验，也体现了人类与自然环境和谐相处的理想和追求。

乡村生态的基础是乡村自然生态，这包括乡村内所有的自然景观构成。清澈的溪流、郁郁葱葱的树木，以及那广袤的田野，共同构建了一个生机勃勃的自然画卷。当我们谈论乡村生态时，我们不仅是在谈论自然环境，乡村人文生态也是这个生态系统中不可或缺的一部分。它涵盖了乡村社会生活场所、习俗信仰与艺术追求等精神文化样式。这些文化样式是各地区、各民族自然形成的、原生性的、祖先传下来的文化生活。

2. 把农业生产过程变成游客的旅游过程

农业生产具有独特的旅游吸引力，其动态的生产过程能够让人们亲身体验到农业的魅力和活力。传统农业是在自然经济条件下，采用简单的手工工具进行耕作，如人力、畜力、手工工具、铁器等，这些工具都具有古老和原生态的特征，能够让游客深入体验到古老农耕文化的独特魅力。现代农业是应用现代科学技术、现代化生产资料和科学管理方法的社会化农业。参与现代农业生产，能够让游客感受到科技给农业生产带来的巨大变革和进步。

3. 农村生活方式是乡村旅游“活”的灵魂

农村生活是农村居民乡愁、乡情的最好寄托。广义上的农村生活方式涉及劳动、消费、休闲等多个方面。狭义上的农村生活方式则是专指消费、休闲的生活方式。农村生活方式是由农村居民长期从事以农业为主的生产活动所形成的。

三、乡村旅游产品的创新开发

旅游产品是乡村旅游的基石，是吸引游客的关键所在。为了打造出成功的乡村旅游产品，我们需要深入挖掘当地的文化、历史、自然景观等资源，并结合现代旅游理念，制订出独具特色的旅游规划。在当今旅游市场竞争日益激烈的情况下，乡村旅游产品必须具备独特性，才能吸引更多的游客前来。

（一）乡村旅游产品创新的“三个”维度

一是提升高度，突出特色化、精致化。乡村旅游的发展不能仅仅停留在粗制滥造、低档次、低价格的水平上，而是要走精致化道路，注重项目设计、规划建设等细节，以高标准、高质量、高品位为追求，打造具有特色的乡村旅游产品，满足不同游客的需求。二是挖掘深度，深入挖掘乡土文化、民族文化。乡村旅游的核心竞争力在于其独特的文化内涵和地域特色，因此要深入挖掘乡土文化、民族文化等资源，将其融入旅游产品，提升产品的文化内涵。通过举办具有当地特色的文化活动、展示传统手工艺品等方式，让游客更好地了解和体验当地的传统文化和风土人情。三是拓展广度，打造产业链，提高附加值。乡村旅游要不断拓展开发视野，创新旅游业态，丰富产品种类，增加消费卖点。可以通过开发乡村旅游周边产品、拓展农业功能等方式，打造完整的产业链条，提高附加值和盈利能力。

（二）乡村旅游产品开发的五大法则

一是主题要鲜明。主题是项目的灵魂，包括项目名称、功能、风格、产品体系等。成功的项目必须有一个清晰、独特且引人注目的主题。二是特色要突出。乡村旅游业的核心竞争力在于其特色。因此，在开发旅游项目时，要注重挖掘当地的特色和亮点，尽可能突出当地的历史文化、风土人情等元素。三是内容要创新。创新是乡村旅游业发展的关键。通过创意的组合和新的思维方式，可以将乡村里陈旧的元素重新组合，形成新的旅游产品和服务，提高乡村旅游的附加值。四是内涵要有深度。有深厚的文化底蕴，项目内容才更丰富多彩、更有吸引力。五是产品要创品牌。一个具有良好形象的知名旅游品牌可以形成市场影响力和竞争力，使乡村旅游产品在激烈的市场竞争中脱颖而出。

第三节　乡村振兴战略背景下乡村旅游用地的法律问题

发展乡村旅游是我国实施乡村振兴战略的重要举措，如何促使乡村旅游业可持续健康发展，也是实务界和学术界关注的焦点。土地资源是发展乡村旅游业的重要资源，但因土地产权界定等问题，在农村集体土地向乡村旅游用地转变过程中，出现了开发商、村民等多方的违法行为，损害了农民的土地权利，阻碍了乡村旅游业的可持续发展。因此，为顺利推进乡村旅游业的发展和实现乡村振兴，必须清除项目开发过程中用地问题的法律障碍，科学制订土地利用总体规划、完善符合中国国情的农村土地产权制度、制定乡村旅游用地专项及配套法律制度、正确处理乡村旅游利益相关者的关系，以及建立健全乡村旅游用地市场。

一、乡村旅游用地的属性

农村集体土地是发展乡村旅游业的基石，它承载着乡村旅游业未来发展的希望，因此具有极为重要的意义。然而，乡村旅游用地与一般意义上的旅游项目开发用地有着本质区别。乡村旅游用地是一个随着农业产业化发展而兴起的新名词，不是国家法律意义上的概念，更倾向于作为一个旅游业的专业术语，见于政府政策文件和旅游产业相关报告中。为了更好地理解乡村旅游用地的属性，我们从农村集体土地法律特征和乡村旅游土地使用方面进行分析。

乡村旅游业，这一独特的产业，近年来吸引着越来越多的关注。它不仅为游客提供了亲近自然的机会，还依托农村旅游资源的丰富性，为游客提供了丰富多彩的旅游服务。然而，乡村旅游项目的开发并非一帆风顺，它必然会涉及农村土地的使用问题。在我国，农村土地的所有权归属于国家或集体，而农民则享有土地的使用权和收益权。这一规定使得我们在开发乡村旅游项目时，必须充分考虑到土地使用的合法性和合规性。

为了更好地规范和管理农村土地，《中华人民共和国土地管理法》（下简称《土地管理法》）明确规定了农村集体土地的内涵和范围。根据《土地管理法》，我国土地所有权分为国家和集体所有，国家所有和集体所有构成了我国土地的二元体制。在土地使用方面，《土地管理法》规定了土地用途分为农用地、建设用地和未利用地。为了保护农业发展和生态环境的平衡，法律严格限制了农用地转为建设用地的行为。对于农村集体建设用地，《土地管理法》也作出了明确的规定。这里的集体是指乡（镇）、村、村民小组等农村集体经济组织。农村集体建设用地可以分为宅基地、乡镇企业建设用地和乡（镇）、村公共设施公益事业建设用地。

《土地管理法》明确规定，土地的所有权和使用权是可以分离的。无论是国有土地还是农民集体所有的土地，都可以依法确定给单位或个人使用。这里的单位或个人，可以是本集体经济组织的成员，也可以是本集体经济组织以外的单位或个人。但需要注意的是，承包经营土地的单位和个人具有按照承包合同约定的用途合理利用土地的义务。我国相关法律对农村集体建设用地的所有权和使用权以及土地使用带来的权益均有明确规定，农村集体建设用地使用权属于用益物权范畴。然而，乡村旅游用地问题不光局限于农村集体建设用地的范畴。根据国家相关的政策和全国各地乡村旅游的实践经验，乡村旅游在土地使用方面不仅涉及建设用地，还涉及农用地和未用地。在现有的耕地、林地等农业用地上，发展观光型旅游；同时，在非农业用地上建设住宿、餐饮、交通等基础设施，以满足乡村旅游服务的需求。乡村旅游实践的方式和用地政策比较分散，各地的政策不尽相同，缺乏政策系统性和完整性，因此乡村旅游用地的法律界定仍然很难完全明确。各地乡村旅游项目开发与经营仍然存在违法用地的问题，因此需要进行系统性的分析，以确保乡村旅游的可持续发展和合法合规经营。

二、乡村旅游项目开发中存在的不当行为

伴随我国城乡一体化的发展，城市与乡村资源出现互换的情况，乡村通过独特的土地资源发展旅游业，交换城市资本、管理等要素资源，实现城乡一体化发展。这种发展模式不仅满足了城市居民的旅游需求，也符合农村的经济发展需求。政府政策的大力引导，也为乡村旅游项目的开发带来了前所未有的机遇。然而，正是这些可预见的效益，导致了违法流转、违法占地、违法用地发展旅游项目等问题的出现。这些问题带来了土地流转隐患，并对当地生态环境造成破坏，扰乱了市场秩序。因此，乡村旅游的土地资源可持续利用问题亟待解决。

（一）各级政府在乡村旅游用地规划和使用方面的探索

每年政府工作报告和各级政府农村工作的重点都与农村土地问题有关。如果能够有效地利用农村土地，并妥善解决与之相关的各种问题，那么农村的稳定与发展也将得到有力的保障。政府不仅是土地使用的监督者，还肩负着土地规划与利用的重要责任。为了促进乡村旅游业的健康发展，政府应当制订科学的乡村旅游用地规划，并确保其得到规范实施，同时还要对用地开发的合法性进行严格监督。然而，由于我国乡村旅游用地的法律规范尚未健全，许多地方政府在乡村旅游用地规划和使用方面仍处于摸索阶段。

（二）开发商的不当行为

乡村旅游作为一种新兴的旅游方式，受到了游客广泛的欢迎。同时，许多旅游项目的开发者也意识到了其潜在商业价值，因此越来越多的旅游开发组织和个人开始涉足乡村旅游领域。由于我国城乡二元发展体制的制约，农村地区在旅游项目开发方面面临着经验、技术、人才和资金的不足。除此以外，中央政府推动乡村经济发展，支持有条件、有能力的专业旅游项目开发企业进入乡村旅游市场，并给予一系列优惠政策，促进行业发展。政府在乡村旅游用地审批与监管方面相对宽松，因此开发商有机会违法征地和非法使用土地。一些开发商在开发乡村旅游项目时，伪造资质和文件，违规占用土地，且降低或拖欠土地补偿费用。此外，这些开发商未经授权擅自调整农村集体土地用途，将其改为房地产和商业开发，导致大量耕地和林地遭受占用和砍伐，激增了土地的流失现象，同时还破坏了农村原有的生态环境和文化风貌，这对于新农村建设产生了不良影响。一些开发商会在未经批准的情况下擅自改变原有的土地规划和项目开发计划，扩大用地范围。这种行为会对乡村旅游的整体规划和区域发展产生不利影响。此外，乡村旅游项目的开发商需要具备较高的资质要求，包括强大的财务实力和抗风险能力。然而，实际情况是一些开发商的能力和认证并不完备，一旦面临超预期风险，后续开发和运营将受到制约，导致项目停滞不前、土地废弃或被抢购，浪费土地资源，扰乱土地市场秩序，进而影响新农村建设的整体推进，使得农村土地市场缺乏稳定性。

（三）村民的不当行为

在我国推进新农村和城乡一体化建设的过程中，土地是农民最为重要的资产，农民与土地紧密相连且难以分离。土地不仅是农民生计的基石，更是重要的资源。

随着乡村旅游项目的发展，很多农村地区闲置的劳动力纷纷加入了这个行业，并通过出租、出售等方式来流转土地，从中获得征地补偿费和相关项目的收益；或者涉足旅游供应链产业，提供酒店、餐馆等服务设施，为旅游业提供支持和服务。除此以外，还有一些农民可以提供乡村旅游项目所需的服务，其中包括提供农业观光、农产品采摘、农家乐等。然而，部分农民因为受教育程度不高，对法律认识不够，在土地流转和使用方面时常违法而不自知。同那些仅仅在乡村旅游项目中就业的一般农民相比，以自家土地和房屋为基础经营农家乐、民宿、旅馆和娱乐项目的农民，很多存在未经许可和审批非法扩建、改建、加建房屋与经营场所并进行商业化经营的违法行为。甚至一些农民与开发商私下协商流转耕地、宅基地和自留地，这种行为使得他们的权益得不到有效保护，可能会引发各种风险和问题。

三、乡村旅游开发用地存在的法律问题

（一）土地产权制度存在法律漏洞

1. 所有权主体界定不清

中国制定的关于农村土地的三部主要法律——《中华人民共和国宪法》《土地管理法》《中华人民共和国农村土地承包法》（以下简称《农村土地承包法》），都对农村土地所有权进行了明确规定。三部法律明确规定了各种不同类型和等级的所有权主体，其中涵盖了集体经济组织、村民集体、村民小组和乡镇农民集体经济组织等。这些主体涵盖行政主体、权利主体和村民自治组织。行政主体不能作为农村集体土地的所有权主体，村民自治组织不具备土地所有权的归属资格和权利。在我国农村集体土地所有权的主体没有明确界定，农村集体土地所有权的范围也没有明确界定，乡村旅游开发用地的供给方没有法律上的确定性。

2. 征地补偿标准存在问题

根据《土地管理法》第四十八条的规定：“征收土地应当给予公平、合理的补偿，保障被征地农民原有生活水平不降低、长远生计有保障。”然而，土地补偿费和安置补助费均以被征收前三年平均产值为基准，这种计算方法存在一定的问题。被征收土地前三年的平均产值是否能够完全代表该土地的实际价值呢？实际上，产值的计算标准因地区、行业和时间等因素而异，因此，它并不能完全体现土地的实际价值。此外，如果该土地不被征用，未来其市场价值有可能出现增值，

这也会使得以过去三年平均产值为基准的补偿标准显得不合理。同样地，安置补助费的标准也存在一定的问题。按照规定，安置补助费最低为四倍，最高为十五倍，这个数量标准的选择如何确定呢？这种差异较大的数量标准可能会导致不公平的现象发生。现有的土地征用补偿标准的法律规定并未充分考虑这些因素，这可能会严重损害农民对土地的长远收益，无法有效保障他们的土地权益。因此，我们需要重新审视现有的土地征收补偿标准，并考虑引入更加公平、合理的计算方法。

（二）农村土地流转过程存在问题

就根本而言，乡村旅游用地问题涉及农村土地资源分配，其中包括农业用地和非农业用地的土地承包经营权流转。乡村旅游用地问题的关键在于解决农村土地流转的法律问题。农村土地是指农民集体所有和国家所有，国家批准让农民集体使用的耕地、林地、草地等用于农业的土地。这些土地的经营权可以根据《农村土地承包法》的规定进行流转，该法是该领域的权威法律。然而，该法对于农村土地承包经营权流转的具体形式和操作方式并未提供详细的说明。针对不同的土地流转方式，目前还没有确切的法律条文来指导和规范其性质。这样一来，我们无法确定流转后的土地是否可以用于乡村旅游项目。如何将不同形式的土地流转为旅游用地的问题还有待解决。

（三）与农村旅游用地相关的法律制度有待完善

为确保乡村旅游项目的土地需求得到保障，我们不仅需要对土地资源进行合理配置，同时还需要充分考虑乡村旅游业的可持续发展。我国乡村旅游业的发展涉及多个部门的合作，其中包括文化和旅游部、住房和城乡建设部以及国家发展和改革委员会等。这些部门共同发布了有关乡村旅游用地政策的指导意见，但在乡村旅游用地开发管理和监督方面仍存在不足。目前，我们缺乏有效的监管合作机制，也缺少详尽的考核机制，因此难以解决农村用地与乡村旅游用地之间的矛盾。我国法律对于农村集体土地的征收以及乡村旅游用地的来源和使用并没有明确规定，因此在法律方面我们无法确保乡村土地资源的合理使用，也无法保护农村集体土地的流转。同时，我们也不能通过法律手段来确保乡村旅游用地的合法使用。为合理配置土地资源并推动乡村旅游业的持续发展，我们需要完善与乡村旅游用地相关的法律法规。

四、乡村旅游用地规划和利用的对策

（一）科学合理地制订土地利用总体规划

鉴于土地资源的有限性，土地的利用关系着农村发展的成功与否。因此，进行合理的土地资源分配是确保乡村旅游用地能够得到充分利用的关键措施。土地利用总体规划是一种纲领性文件，旨在指导土地资源的分配和可持续利用。根据特定的土地利用目标，进行合理的用地规划和科学用地结构搭配，以便针对不同的土地用途做出具体的配置要求。这是各级政府对所有土地资源进行系统、完整和长远性的统筹安排，也是各级政府在时间和空间维度部署土地用途、开发利用和整治保护等的一系列举措。只有按照土地利用总体规划的要求，才能保障农村土地的有序、安全、稳定开发和利用。《土地管理法》规定了农用地、建设用地和未利用土地的范围，同时对这些用地的具体用途做了详细规定。为了合理利用农村土地，必须进行土地利用总体规划并增加乡村旅游用地规划，明确乡村旅游用地的类型、功能区域、范围、流转程序和标准等细节。此外，根据乡村旅游用地总体规划的引导，各地政府在考虑本地农业特色区域和旅游资源的基础上，制订本地乡村旅游用地规划方案。规划涉及乡村旅游开发的空间结构、乡村旅游长期发展路线，以及将土地划分为不同的功能区并考虑耕地和生态保护等问题。规划还考虑到了国家法律法规在实际操作中滞后的情况并保留了一定的法律灵活性和可调整性，以确保乡村旅游开发用地有足够的调整空间。

（二）完善具有中国特色的农村土地产权制度

随着我国政府对“三农”问题的逐步解决，农村土地制度也经历了一系列的变革和调整。然而，对于土地相关法律法规的修改，我们必须保持高度的谨慎和重视，确保其能够经受实践的检验。在集体所有制下的农村土地所有权主体以及经营管理者呈现多样化特征，涵盖农村集体经济组织、村民委员会以及乡镇集体经济组织等。不过，农村集体经济组织不具备维护农村土地权益的能力。当乡村旅游用地需要农村土地流转时，由于农村集体经济组织未能有效保护农民土地承包权，导致旅游收益分配不公平。我国的《宪法》和《农村土地承包法》等法律规定的征地制度，并不能够保证农民在乡村旅游发展中的土地权益。因此，必须通过法规界定农村土地归属，以确保农民能够享有具有独立性的土地权益。唯有如此，才能改善农民在土地流转中不利的处境，并在土地长期利益最大化方面提供法律保障。在获得土地使用权人的同意之前，任何个人或组织都不得私下转让土地。只要拥有土地使用权，无论土地如何流转，使用权人都能获得土地流转带来的收益。如此一来，就能够在保障农民合法的土地权益的同时，减少土地流转方面的纠纷，推动乡村旅游业蓬勃发展。

（三）制定乡村旅游用地专项及配套的法律制度

乡村旅游业的发展不仅是一个简单的旅游开发问题，它还涉及复杂的土地问题。在规划和配置农村土地资源的过程中，如果不考虑周全，可能会引发一系列新的社会问题。因此，政府需要以全局的眼光来看待乡村旅游业的发展，制定出一套全面、系统的乡村旅游法律法规及配套制度。而这些法律法规及配套制度的制定，可以有效地改变当前乡村旅游用地发展的现状。通过规范和优化土地使用，我们可以更好地保护和利用农村的土地资源，为乡村旅游业的发展提供有力的保障。同时，我们还需要关注乡村旅游用地对农民土地收益结构与风险的影响。由于农民是乡村旅游业发展的重要参与者和受益者，我们需要通过规范农村土地流转法律法规体系，以法律的形式保障农民的长远权益。只有这样，我们才能真正实现乡村旅游业的可持续发展，让农民在参与乡村旅游业的过程中获得更多的收益和保障，而不是把农民的所有利益与土地捆绑在一起。

建立专项法律及配套法律法规体系，旨在减少乡村旅游用地法律纠纷，实现乡村旅游用地市场的法治化和规范化，从而更好地维护乡村旅游市场发展的良好秩序。

（四）正确处理乡村旅游利益相关者之间的关系

乡村旅游用地的法律问题牵涉到各方利益关系，只有合理协调乡村旅游用地的法律关系，方能保护有关各方的权益。在乡村旅游用地方面，集体经济组织除了拥有土地所有权以外，还肩负着维护农民土地权益和监督土地流转的重要责任。作为法律上的土地所有权主体，农村集体经济组织需要明确自身的角色与行为的关系。

第一，充分发挥土地所有权主体的作用，对集体土地流转的合法性进行监督，并且对已经流转的土地进行详尽的了解和备案，以避免违法流转行为的出现。不能通过强制的手段要求农民以集体土地所有者身份流转土地。也不能代替农民签订土地流转合同，隐瞒土地流转事项。第二，地方政府在管理乡村旅游项目时，应该减少对乡村旅游用地的过度干涉。保障农村土地流转交易双方的自主权不受影响。除此以外，地方政府还应该加强对开发商和农民违规占用土地的监督，以确保农村土地规划得以合理实施。转变政府在乡村旅游市场中的角色，采取市场机制为主导，保证乡村旅游市场的稳定发展。第三，旅游开发商必须遵守有关农村土地的法律法规，且必须合法承包、开发和经营。当需要转换农业用地的用途时，必须依照法定流程进行申报，严格遵守规定，杜绝非法开发及占地行为。第四，法律规定农民作为农村土地的合法使用权所有者，政府和开发商不得侵犯他们的土地权益。若农民想参与旅游服务项目的运营，需依照法定手续审批后进行房屋改建和扩建，不得私自更改土地用途。

第四节　旅游型乡村建设要素与乡村振兴战略要义

在人类社会的发展长河中，由于生产方式、土地利用形态、人口密度以及生活方式的多样性，人类聚落被划分为城市与乡村两种类型。尽管乡村的发展深受历史时期的影响，但人们对美好乡村的追求始终如一。为了推动农村的产业融合发展，实现农业和农村的现代化，乡村振兴战略应运而生。这一战略旨在促进农村第一、第二、第三产业的融合发展，推动农业和农村的现代化进程。它的提出为乡村的繁荣振兴提供了强有力的政策支持。旅游型乡村是乡村发展的一种创新模式，它致力于挖掘和重塑乡村的价值，通过优化生产要素的组合，缩小城乡差距。这种模式推动“三农”的整体发展，促进城乡融合发展，为实现乡村振兴开辟了新的道路。

一、旅游型乡村建设要素与乡村振兴战略要义的匹配度

旅游型乡村建设是一种综合乡土元素、旅游业要素和市场因素的乡村建设模式。该项目以当地特有的生态环境和人文习俗为基础，利用“三农”资源，激发农民的生产动力，延长农业产业链，推行优化环境、美化村庄、提高生活品质、实现服务多功能，发展乡村旅游业，旨在实现生态宜居、产业融合、农业发达、乡村繁荣、农民富裕等多项目标。

产业兴旺、生态宜居、乡风文明、治理有效、生活富裕是乡村振兴战略的核心要素。在乡村振兴战略中，产业兴旺是一个至关重要的目标。为了达成这个目标，我们需要积极探索并发展新型的农村产业和商业模式，以促进农业、制造业和服务业之间的紧密互动和协同发展。在乡村振兴战略中，生态宜居是一个基础要素，它的目标是提升农村生态环境的质量并美化人们的居住环境。乡风文明是

乡村振兴战略的精神要素，其基础在于促进乡村人文生活和人—地—物之间的和谐相处。治理有效对于实现乡村振兴战略至关重要，关键在于加强乡村治理架构和农村管理机制的建设和优化。生活富裕需要经济发展成果的支持，让成果惠及广大农民。

旅游型乡村建设要素与乡村振兴战略要义具有极高的匹配度。第一，为了实现乡村产业的结构转型，需要对生产要素进行多样化投入，以便使乡村以农业为主的传统产业结构能够发展出多个并存或融合的产业。可以说，这一点非常相似。第二，二者都将自然生态和传统文化视作经济生产不可或缺的资源要素，将生态保护和文化传承看作是共同价值追求，因此可以说它们的目标是相同的。第三，乡村振兴战略的目标是实现“人与人、人与物、人与地”的和谐共生，而旅游型乡村的实施则是为了提高居住环境的友好度、美化农村以及打造宜人的环境景观，二者之间有着共通之处。第四，作为一个系统化的旅游综合体，乡村旅游需要整合多元化的生产要素，促进多个产业的融合和协同发展。这样的发展需要完善农业农村治理体系，这与乡村振兴战略中提出的治理有效的内涵一致。

二、旅游型乡村建设是乡村振兴战略的重要支撑

就产业融合而言，旅游业已经从传统的单一产业转变成为融合了第一产业、第二产业和第三产业的综合产业。旅游业能够整合产业资源，促进乡村新兴产业和业态的发展。

以人居环境来说，旅游型乡村在发展旅游业时，能够充分利用乡村特有的自然生态和人文民俗因素，将其转化为乡村建设与发展的宝贵资源。与那些过分依赖所谓高品位旅游资源的地区不同，这种发展模式更加注重保护乡村原有的自然和文化价值，避免给乡村文化与生态带来不可逆的损害。

拿乡土风情来讲，旅游型乡村注重乡村肌理保护和传统文化回归，着重开发民风、民俗等非物质文化以及古村落、古建筑、古祠堂等物质文化遗产，焕发乡村韵味。这就好比在品尝一道美味的乡村佳肴，旅游型乡村以其原生态的乡村风情为调料，让人们领略到乡土文化的独特魅力。

就治理机制而论，在治理机制方面，旅游型乡村的产业模式涉及多种要素的融合发展，这引发了上层建筑中治理机制的创新。这种创新不再局限于传统的乡村治理模式，即仅关注“农”与“民”的问题，而是寻求建立适用于人—人、人—地、人—物、人—业和谐的生态、文化、产业、社会的全方位治理系统。

从经济活力来看，旅游型乡村建设展现出了显著的经济带动效用。旅游产业

能够根据市场需求，将农村的农业资源优势转化为具有市场竞争力的产业经济优势。此外，旅游型乡村建设也带动农民就业创业，激发了小农户的创造潜力和激情，为农民提供了大量的就业机会和崭新的创业平台，使得农民可以更加广泛地参与到旅游产业中来，实现自身的价值。

总之，旅游型乡村是产业融合、人居和谐、乡土气息浓厚、治理创新、经济活跃的传统性、时尚化村落，其建设与发展是乡村振兴战略的重要支撑。

三、建设旅游型乡村，促进乡村振兴战略的实施

建设旅游型乡村，关键是守住乡土魂，构建和谐体，展现乡村美，以促进乡村振兴战略的实施。

（一）守住乡土魂

乡风文明是人与自然的和谐共生，也体现了乡土文化与旅游型乡村之间的深度融合。这种文明形态，既包含了乡土文化的传承，也反映了乡村生态文明体系的保持，更彰显了旅游文化公共服务体系的繁荣。第一，乡风文明的核心在于对乡土文化的传承。那些山水村寨、田园农耕、民居建筑、民俗风情等具有历史意义的遗产类文化旅游产品都蕴含着乡土文化。同时，修缮那些既是乡村旅游产品又是农村文化设施的项目，如祠庙、戏台、水口林、池塘、古井等，这在保持乡村原有风貌的同时，也丰富了乡村旅游的内容和形式。第二，乡风文明强调对乡村生态文明体系的维护。我们要保持乡村的原始风貌，让人们能够感受到乡村的生机与活力。同时，我们还要保护那些构成乡村命运共同体的元素，如人地和谐、农耕生活、村规民约等，这些元素共同构成了乡村的生态系统。此外，我们还应坚守生态文明理念，激发农民保护乡土家园、建设美丽乡村的信心，构建环境管理、行为约束、生态预警等相协同的保护机制。第三，乡风文明还强调对旅游文化公共服务体系的建设。建造一些公共设施，如乡村图书馆（电影室）、村史馆、民俗馆、名人纪念馆等传统文化与生活设施。这些设施既可以满足游客的需求，又能促使农民了解和传承自己的文化传统，促进乡村的可持续发展。

（二）构建和谐体

旅游型乡村是一个集合了自然风光、人文景观和特色产业等多方面元素的综合体，各个利益相关者和开发主体都应该把乡村视为一个尊重传统、注重生态、关注生活、聚焦生产、促进生产发展的生命共同体。尤其值得关注的是，有机农

业、家庭手工业、风物特产业等传统业态，是一个地区风土人情积淀和文化传承的重要载体。为了保护这些非物质文化遗产，传承工艺文化精髓，保护历史文化的根脉，我们应该在旅游型乡村的建设中注重打造产业融合、文化传承、环境宜居、乡村发展的和谐村落。

要实现这一目标，需要实施有效治理。首先，我们应该通过旅游业的发展，引导和促进乡风文明与乡土文化的传承，以乡情乡愁为纽带，凝聚人心，推动乡村振兴战略实施，形成有人情感染力的体系。其次，在旅游型乡村的规划建设中，我们应注重植入乡村法治体系，引导农民自觉遵守法律法规，形成有法律强制力的法治体系。最后，我们应当对乡规民约方面的资源进行整合与运用，通过出版乡书、发行乡约纪念品、修立乡约碑等方式，重振优秀传统乡村治理理念的活力，构建具备道德约束力的德治体系。

（三）展现乡村美

通过多角度呈现乡村美景，包括自然风光、传统建筑和社会文化，彰显乡村宜居的生态之美。最重要的是保护自然环境，保持人类与自然和谐共存的生态之美。提升乡村形象，将美化村落的工作与自然风光完美结合，充分展现优美的山水景色和错落有致的地形特点。保留乡村建筑的传统特色，包括其建筑风格、色彩和材料等，以保持其原有的特色和风貌。打造独一无二的、高品质的村庄，附加的旅游建筑要凸显的民族、乡土和时代特征。注重应用文化符号和元素，创造出展现传统农耕、动植物养殖和种植、捕捞采摘、手工艺制作、特色美食制作等劳动、活动的场景，让游客置身其中，还可以打造一种充满地方特色的生活体验活动，包括观赏当地文化活动、欣赏本土风景、品尝传统美食、参与节日庆典等。同时，加强乡村环境的治理和升级改造，致力打造一个宜居宜业的美丽乡村。

第五节　乡村振兴战略背景下乡村旅游业转型升级五链驱动

一、乡村振兴战略与乡村旅游业转型升级的关联性

乡村旅游业和乡村振兴战略相互支持，有助于解决“三农”问题，推进农业现代化。在促进乡村振兴的过程中，乡村旅游业是一个重要的产业支柱。通过推动乡村旅游业的发展，可以综合利用城乡生态环境建设、产业升级转型、人力资

源配置以及社会保障制度等方面的资源，加速实现乡村振兴的目标。随着乡村振兴战略的实施，越来越多的人才、资金、技术等生产要素流向乡村，这将有效促进乡村旅游业的转型升级。乡村旅游业的升级转型与乡村振兴战略相互促进，因为乡村振兴战略的目标恰恰是鼓励乡村旅游业升级转型，而乡村旅游业的转型升级则加快了乡村振兴战略的实施进程。下面对乡村振兴战略和乡村旅游业转型升级的关联性进行分析。

（一）从各自为政的单向发展到相辅相成的协同共赢

产业兴旺是乡村振兴战略的经济基础。要实现产业兴旺，我们需要改变传统的产业发展方式，由单一的、各自为政的发展转变为相互补充、协同共赢的模式。具体而言，我们可以通过纵向延伸加工链，横向扩展服务链，以及融合拓展功能链来衔接产业体系、生产体系和经营体系，使它们有机结合，形成一个完整的乡村全产业链体系。

（二）从重视乡村自然生态到兼顾城乡自然与社会共生共存

生态宜居是乡村振兴战略的环境基础，它代表着乡村环境的优化与提升，是实现乡村可持续发展的基础。在生态宜居建设过程中，不仅要重视乡村自然生态的保护与改善，还要促进城乡间的互动与融合，实现自然与社会的共生共存。从概念角度来看，生态宜居包括自然生态和乡村社会生态两个方面。自然生态是指乡村地区的自然环境，如山水、田野、森林等，其保护与改善对于提高乡村的生态环境质量至关重要；而乡村社会生态则是指乡村社区内部的社会环境，如公共设施、文化活动、居民关系等，这些因素直接关系到乡村居民的生活质量与幸福感。从地域角度来看，生态宜居不仅是指单个点状的乡村生态宜居，而是以点带线、以线带面的城乡联动的生态宜居。这意味着在推动乡村振兴的过程中，需要将城乡间的资源、技术、人才等要素进行合理配置，促进城乡间的互动与融合，以实现整个区域的生态宜居。

（三）从分散的点状文化到融合的面状文化

乡风文明是乡村振兴战略中的文化基础。乡村文化应该呈现多样性，并向融合发展的趋势发展，而不是单一、分散的点状文化格局。乡村旅游文化不仅包含乡村旅游的物质和精神文化，还囊括了乡村旅游的制度和行为文化，从而形成了一个全面而综合的文化体系。这四个层次的乡村旅游文化相互之间具有独立性，但同时互相依存，共同构成了乡村文化的有机整体。乡村文化既是代代相传的传统乡村农耕文明，也是自工业文明出现以来逐渐形成的现代文明。乡风文明是传统和现代文明在交融的过程中形成的。

（四）从纵向主导和服从管理到多元参与和协同治理

乡村治理有效是乡村振兴战略的社会基础。从最初的政府单一管理到引入旅游企业，再到逐渐将居民纳入乡村治理链当中，乡村的管理主体得到了不断丰富和完善。因此，我们需要建立一种多元化的协同治理体系，让村庄管理从过去的纵向主导和服从管理转变为多方参与和协同治理的模式。这种治理体系内容丰富，包括德治、法治和自治，共同参与、协同管理。随着治理链的不断升级，整个链条不断得到加强，各参与方相互依赖，并发挥必不可少的作用。

（五）从单一收入标准到多样的衡量指标

生活富裕是乡村振兴战略的目标。衡量生活富裕的标准已经不再是单一的收入，而转向了多种不同的衡量指标。除了农民的生活富裕外，评估乡村振兴战略的实施效果应该考察更多的因素，如齐全的配套设施、健全的公共服务系统等多项指标。因此，要调整生活设施的连通性，填补农村基础设施的短板，完善乡村的配套设施，构建公共服务网络，增加农民的收入来源。

二、乡村旅游业转型升级五链驱动路径

乡村旅游以乡村振兴战略的总要求，即“产业兴旺、生态宜居、乡风文明、治理有效、生活富裕”为依据，通过五链驱动——“拓展产业链、优化生态链、融合文化链、提升治理链、完善生活链”，实现乡村旅游业的转型升级。

（一）扩展产业链——拓链条

乡村旅游产业链已开始对整个乡村经济形态产生强大的穿透力和贡献力，通过拓链条，使空间延伸、扩散和融合发展，实现乡村旅游产业链的延伸和拓展。由于传统农业生产要素的缺位和长期“单点式”发展模式，造成“短板效应”，抑制了农业发展的竞争力。因此，必须对乡村旅游产业链进行整合与拓展，协调产业链的上下游环节系统，带动农业供应链、价值链和功能链升级，促进第一、第二、第三产业融合发展。要拓展乡村旅游产业链，必须进行农旅产业链的纵向延伸、服务链的横向扩展和功能链的融合拓展，融合乡村旅游业的吃、住、行、游、购、娱六要素与种养加、产供销、贸工农等诸多环节，优化各种生产要素的组合

方式，实现优势互补。构建全产业链来统领基础产业链、服务链和功能链，促进第一、第二、第三产业融合，推进农业与休闲旅游、文化、养老产业的融合发展。

（二）优化生态链——优链条

乡村生态链主要包含自然生态链和社会生态链。自然生态链包含农业生产系统和农村生态系统；社会生态链是指人居生态环境管理体系。生态链的优化需要自然生态和社会生态必须双管齐下。一是要建立完备的农村自然生态环境保护体系，优化森林、水系、草原和湿地等自然生态系统。大力发展循环生态农业，促进农业环境综合整治，推进农业可持续发展。二是社会生态包括农业绿色发展制度体系、农业农村污染防治制度体系、多元环保投入制度体系、科技支撑体系等。加大对村庄环境改善提升的整治力度，以点带线、以线带面，建立（乡）镇、村、组三级联动机制。

（三）融合文化链——融链条

文化链的融合是以旅游业为基础，统筹物质文化、行为文化、制度文化、精神文化四个层次的乡村旅游文化进行文化整合，共同融合成乡村文化的有机整体。融链条是指在保护乡村物质文化，挖掘乡村行为文化，传承乡村制度文化和弘扬乡村精神文化的基础上，大力推动旅游业与文化产业的融合，形成完整的乡村文化链。第一，物质景观是乡村传统文化的活化石，在进行旅游开发时要注重反映这些乡村物质景观体现出的精神，延续地域历史文脉；同时，注重保护乡村历史风貌和特色，传承与保护好文化根脉。第二，乡村行为文化是指通过人的日常行为体现出来的有形文化，是由人类在社会实践中约定俗成的行为规范。习惯性的风俗构成的文化层，包括活动规范和行为方式，体现在礼俗、民俗、风俗等形态中。第三，乡村制度文化又称为乡村社会文化，内容丰富，是乡村地区在长期的历史发展过程中为维护乡村社会稳定、社会秩序而约定俗成的伦理道德和礼仪规范。对个人参与社会活动具有规范性作用，也具有可看、可观、可参与的特点，可利用这些差异性和乡土性的制度文化素材，开发出相应的乡村旅游产品。第四，乡村旅游精神文化表现为乡村居民的性格、价值观、生存观等，既包括道德风尚、思想状态、精神风貌和文化素养等，也包含村落、民居的选址布局艺术、传统生活习俗、乡村非物质文化等方面。这四个层次的乡村旅游文化各自独立又彼此相依，共同融合成乡村文化的有机整体。

（四）提升治理链——强链条

治理链的提升要通过强链条，增强乡村治理合力，实现政府政策引领，企业科学管理，农民参与管理和游客创新管理，从而形成“政府＋企业＋居民＋游客”多主体的协同治理体系。首先，政府重点负责政策引导和规划引领，营造有利于乡村旅游发展的外部环境，从行政、法律、政策建议等多方面保证乡村旅游管理处于法律与政策保障之内。其次，旅游企业转变经营管理模式，形成科学管理体系，打造专业化的管理团队，提升企业的经营管理水平，为乡村旅游发展提供专业化的管理与科学的市场分析指导，并提供资金支持与技术指导，促进乡村旅游管理向科学化发展。再次，强化农民参与的作用。可通过旅游个体经营户管理、公司和政府带动农户参与管理及股份制合作模式参与管理等途径引导农民参与。最后，游客是旅游活动的主体。通过建立游客需求反馈机制，采纳游客的建议，创新“消费关系”模式，以“主客共享”理念创新管理模式，在参与管理过程中能从旅游需求者的角度出发，建言献策，甚至直接参与到管理活动中。

（五）完善生活链——补链条

生活链的完善要通过补链条的方式，从基础设施、公共服务、拓宽收入来源入手，补齐短板和欠缺。第一，推进乡村旅游配套设施建设。结合乡村的发展情况，建设生态化的乡村休闲度假酒店、乡村民宿、乡村特色美食街、乡村特色商业街。引入高端基础设施，如旅游民宿、农家乐等，为整个区域提供高品质的服务。第二，提升乡村旅游地的公共服务水平。推进教育保障机制、完善医疗救助制度、健全农村社会保障体系、加快旅游扶贫开发建设。第三，提高农民收入水平。在发展旅游业的过程中，使资源变股权、资金变股金、农民变股东，改变以往单一的务农收入模式，转变为旅游业接待收入、务工收入、经商收入等相结合的收入模式，使农民的收入来源实现多元化。

参考文献

[1] 张顺喜 . 大力实施乡村振兴战略 [M]. 北京：中国言实出版社，2018.

[2] 冉勇 . 基于乡村振兴战略背景下的乡村治理研究 [M]. 长春：吉林人民出版社，2021.

[3] 彭震伟 . 乡村振兴战略下的小城镇 [M]. 上海：同济大学出版社，2019.

[4] 刘社瑞 . 乡村振兴战略中新乡贤文化建构研究 [M]. 长沙：湖南大学出版社，2020.

[5] 蔡竞 . 产业兴旺与乡村振兴战略研究 [M]. 成都：四川人民出版社，2018.

[6] 王功琪 . 乡村振兴战略下乡村教育发展研究 [M]. 长春：吉林大学出版社，2023.

[7] 张雪晶 . 乡村全域旅游：乡村振兴战略在宁波的实践 [M]. 北京：海洋出版社，2022.

[8] 贾荣 . 乡村旅游经营与管理 [M]. 北京：北京理工大学出版社，2016.

[9] 王昆欣，张苗荧 . 乡村旅游新业态研究 [M]. 杭州：浙江大学出版社，2019.

[10] 夏林根 . 乡村旅游概论 [M]. 上海：东方出版中心，2007.

[11] 李志萌，张宜红，杨志诚 . 乡村振兴战略背景下我国油茶产业发展研究 [J]. 农林经济管理学报，2017，16（6）：809–816.

[12] 吕小英，王联国，韩云 . 乡村振兴战略背景下川南地区乡村旅游发展研究：以川南大草原为例 [J]. 农场经济管理，2023（9）：31–34.

[13] 高林娟 . 乡村振兴战略背景下乡村旅游文创产业发展策略研究 [J]. 农业经济，2022（7）：138–139.

[14] 耿松涛，张伸阳 . 乡村振兴背景下乡村旅游与文化产业协同发展研究 [J]. 南京农业大学学报（社会科学版），2021，21（2）：44–52.

[15] 徐忠勇 . 乡村振兴战略下乡村旅游发展对策探析 [J]. 农业经济，2020（9）：64–65.

[16] 卢可，马丽卿 . 乡村振兴战略背景下乡村旅游发展研究 [J]. 农村经济与科技，2019，30（1）：77–79.

[17] 宋慧娟，陈明．乡村振兴战略背景下乡村旅游提质增效路径探析 [J]. 经济体制改革，2018（6）：76−81.
[18] 银元，李晓琴．乡村振兴战略背景下乡村旅游的发展逻辑与路径选择 [J]. 国家行政学院学报，2018（5）：182−186.
[19] 王庆生，张行发．乡村振兴背景下乡村旅游发展：现实困境与路径 [J]. 渤海大学学报（哲学社会科学版），2018，40（5）：77−82.
[20] 杨瑜婷，何建佳，刘举胜．“乡村振兴战略”背景下乡村旅游资源开发路径演化研究：基于演化博弈的视角 [J]. 企业经济，2018（1）：24−30.
[21] 胡鑫．乡村振兴战略人才支撑体系建设研究 [D]. 长春：吉林大学，2021.
[22] 满承茵．乡村振兴战略下“三农”自媒体的问题与对策研究 [D]. 南昌：南昌大学，2021.
[23] 郜清攀．乡村振兴战略背景下乡镇政府公共服务能力研究 [D]. 长春：东北师范大学，2020.
[24] 李皓．我国乡村振兴战略的伦理之维 [D]. 长沙：湖南师范大学，2020.
[25] 吴恺华．乡村振兴战略背景下苏北乡村人居环境评价与优化策略研究 [D]. 苏州：苏州科技大学，2020.
[26] 赵琦．乡村振兴视角下乡村文化建设研究 [D]. 长春：长春理工大学，2020.
[27] 李虹．“乡村振兴战略”背景下乡村学校教育促进乡村文化发展研究 [D]. 桂林：广西师范大学，2019.
[28] 郭燕妮．乡村振兴战略背景下延安乡村产业振兴研究 [D]. 延安：延安大学，2019.
[29] 马添．乡村振兴战略背景下农村基层治理研究 [D]. 长春：东北师范大学，2019.
[30] 王笑容．乡村振兴战略背景下的田园综合体发展研究 [D]. 南昌：江西师范大学，2018.